George R. Bach
Laura Torbet

Ich liebe mich – ich hasse mich

Fairness und Offenheit im Umgang mit sich selbst

Mit einem Vorwort von
Prof. Dr. Dr. Hilarion Petzold

Aus dem Amerikanischen von
Roswitha Enright

rororo
Rowohlt

Umschlagentwurf Werner Rebhuhn
Deutsche Erstausgabe
Redaktion Beate Laura Menzel

40.–44. Tausend April 1989

Veröffentlicht im Rowohlt Taschenbuch Verlag GmbH,
Reinbek bei Hamburg, März 1985
Die Originalausgabe erschien 1983 unter dem Titel «The Inner Enemy.
How to Fight Fair with Yourself» bei William Morrow and Company,
Inc., New York

Satz Bembo (Linotron 202)
Gesamtherstellung Clausen & Bosse, Leck
Printed in Germany
780-ISBN 3 499 17891 5

Inhalt

Gewidmet den Patienten, Studenten, Kollegen, Institutsmitgliedern und Freunden, die uns vertrauensvoll wissen ließen, wie ihr böses Ich funktioniert.

Vorwort
«Über innere Feinde und innere Beistände»

Als mich George Bach bat, ein Vorwort zu seinem neuen Buch zu schreiben, habe ich gern zugesagt, nicht nur weil ich seine kreative und praxisnahe Art, psychotherapeutische Methoden zu entwickeln, schätze und ihn als einen der wichtigen Pioniere moderner Gruppenpsychotherapie betrachte, sondern weil er hier ein Grundproblem aufgreift, mit dem sich viele psychotherapeutische Richtungen befaßt haben und befassen: die inneren Kräfte, die das Leben eines Menschen bestimmen. Friedrich Nietzsche und Sigmund Freud waren vielleicht die ersten, die sich mit dem Problem der inneren Instanzen auseiandergesetzt haben. Freuds Konzept des Über-Ichs kann durchaus als ein Ensemble von Stimmen gesehen werden, die mahnen, kritisieren, raten, begütigen, drohen – *gute und böse Stimmen* von fürsorglichen oder kritischen Eltern und Autoritätspersonen, die auf das Kind eingeredet haben. Die Szenen von Ermahnungen und Bewertungen und die Sprecher in diesen Szenen haben die Persönlichkeit infiltriert, sie wurden verinnerlicht. Innere Väter und Mütter reden in uns, bestimmen unser Leben, weil sie Teil unserer Persönlichkeit geworden sind. Dies ist prinzipiell nicht negativ zu sehen, obgleich die meisten Psychotherapieformen vom toxischen, strafenden, strengen «Über-Ich» (Freud) vom «Top Dog» (Perls) ausgehen, vom «Schatten» (Jung) der Persönlichkeit, der nur zu oft Widerspiegelung der Schattenseiten von Eltern ist. Aber wir verinnerlichen auch die guten Seiten unserer Eltern, ihre Zuverlässigkeit, ihre Fürsorglichkeit, die positiven Werte, die sie verkörpert und uns vermittelt haben. Es fallen uns diese Seiten unserer Persönlichkeit weniger auf, ja sie bleiben uns zumeist verborgen, weil sie uns im Unterschied zu unseren *inneren Feinden* in unserem Lebensalltag nicht behindern. Wenn also die negativen Einflüsse von Elterninstanzen in der Psychotherapie ernst genommen werden müssen, so ist es doch eine Einseitigkeit, ein neuer Mythos der Psychotherapie, die ganze Last seelischer Erkrankungen oder Beeinträchtigung von Lebensglück den Eltern zuzuschieben, den «Schweineeltern», wie sie von einigen Transaktionsanalytikern genannt werden. Ich halte das für unangemessen, ja schädlich, weil es dabei zu einer Entwertung der eigenen Vergangenheit kommt und die nährenden, stützenden Qualitäten der Eltern aus dem Blick geraten, wo es doch eigentlich lediglich um die Auseinandersetzung mit ihren Schattenseiten geht, mit den Regeln und Normen, die uns einengen, bedrängen und die sich allmählich von den Ursprungsstimmen (der des Vaters, des Lehrers) gelöst und zu eigenen Persönlichkeitszügen, Teilpersönlichkeiten verdichtet haben. So entsteht der *innere Zweifler*, der *Pessimist*, der *Spielverderber* usw.

George Bach hat in diesem Buch Methoden vorgelegt, *innere Feinde* zu identifizieren und ihnen zu begegnen. Er bietet damit Möglichkeiten zu einer Selbst-Therapie und zu einer vertieften Selbsterfahrung. Indem man seine Teilpersönlichkeit kennenlernt, die inneren Monologe und Dialoge zu hören beginnt, werden sie beeinflußbar. Man kann ihre Destruktivität neutralisieren oder sie konstruktiv einsetzen. Dadurch, daß die personalisierten inneren Stimmen nicht zurückverfolgt werden müssen auf den Hintergrund ihres Zustandekommens, hin zu den Szenen der Internalisierung, wie dies zum Beispiel in der Psychoanalyse oder der Gestalttherapie erfolgt, bleiben sie für den Übenden handhabbar. Er wird nicht von belastenden Ereignissen aus seiner Lebensgeschichte überschwemmt, sondern er nimmt die Teilpersönlichkeiten, wie er sie auffindet. Es sind mit einer solchen Vorgehensweise natürlich schwere Persönlichkeitsstörungen nicht anzugehen. Für diese wird die Hilfe eines Therapeuten notwendig bleiben, weil es in der Behandlung seelischer Probleme nicht nur darum geht, sich selbst zu verstehen, sondern auch darum, zu erleben und zu erfahren, daß man von einem anderen Menschen verstanden wird. Aus solchen Erfahrungen können neue positive Internalisierungen erwachsen. Es entstehen aus ihnen *innere Verbündete*.

Jeder Mensch steht in einem Selbstfindungsprozeß. Im Verlauf seiner Entwicklung, seiner «Sozialisation» hat er aus seiner Familie und seinem Umfeld positive und negative Einflüsse erfahren. Er ist in eine Situation hineingeboren worden, die er sich nicht gewählt hat. Er erhält von seinen Eltern bestimmte Formen des Denkens, des Fühlens, des Sprechens, Weltanschauungen, Weltbilder, Werte, Normen, die gut oder abträglich sind. Dies alles *widerfährt* ihm. Im Verlauf seines Lebens wird er versuchen müssen, seine eigenen Wege zu finden und dies nicht, indem er das Übermittelte unbesehen über Bord wirft, sondern dadurch, daß er sich entscheidet, was er *ablegen* will, weil es ihm nicht entspricht, was er *behalten* will, weil er es gut findet, oder was er *verändern* will, damit es ihm angemessen wird. Hierin besteht der Prozeß der Individuation. So ist Goethe zu verstehen, wenn er sagt: «Was Du ererbt von Deinen Vätern erwirb es, um es zu besitzen.» Das Verstehen der inneren Freunde und Feinde ist ein Weg, zu sich selbst zu finden, sich selbst zu verwirklichen.

Der Leser dieses Buches wird nun entscheiden müssen, ob die Hilfen, die George Bach ihm gibt, für ihn ausreichen, sich selbst besser verstehen zu lernen, mit sich selbst besser umgehen zu können oder ob er sich so belastet und bedrückt fühlt, so unter dem Zwang der inneren Feinde steht, daß er die Hilfe eines Therapeuten oder einer therapeutischen Gruppe in Anspruch nehmen sollte; denn oft braucht man äußere Verbündete, um inneren Feinden begegnen zu können, muß man Verständnis erfahren, um sich selbst verstehen zu können.

George Bach konzentriert sich in seinem Buch auf den *inneren Feind*. Ich finde dies ein sehr brauchbares Konzept. Ich selbst verwende es seit vielen Jahren in der Arbeit mit alten Menschen. Sie haben einen *Feind von innen*, der ihnen gebietet, ruhig und gemessen zu sein, sich unauffällig zu kleiden, der ihnen Sexualität untersagt, ihnen verbietet zu springen. Es sind dies alles Klischees über das Alter, die ein Mensch von Kindheit an in sich aufgenommen hat und deren Opfer er wird, wenn er selbst alt geworden ist, denn er wird von ihnen bestimmt. Innere Feinde wandeln sich über den Verlauf des Lebens. Man wird nicht ein und für allemal mit ihnen fertig, sondern man tritt in ständig neue Auseinandersetzungsprozesse ein; aber das macht das Leben auch faszinierend und spannend. Die Methoden, die Bach und Torbet aufzeigen, bieten also nicht nur Lösungsmöglichkeiten für die aktuelle Lebenssituation, sondern einen Weg, mit sich im Dialog zu bleiben und mit sich Erfahrungen zu sammeln, über die ganze Lebensspanne hin bis ins Alter.

George spricht jedoch nicht nur über die inneren Feinde, sondern auch über die Stimmen der Verbündeten, die positiven Stimmen des Trösters, des Optimisten, des Träumers, des Abenteurers, und ich möchte auf diesen Teil des Buches besonders hinweisen. Seit Anfang der siebziger Jahre arbeite ich mit dem Konzept des *inneren Beistandes*, und ich habe mit ihm sehr positive Erfahrungen gesammelt. Jeder kennt die Erfahrung, daß sein Blick auf einen Mitreisenden im Zug fällt. Man sieht, wie er lächelt, und man weiß: der denkt an einen lieben Menschen, und es ist, als ob diese Person plötzlich anwesend sei. Wir alle wissen, daß ein intensiver Gedanke an einen Menschen ihn in unserer Vorstellung und unseren Gefühlen herbeirufen kann. Waren wir vorher noch traurig, so sind wir plötzlich gefaßt oder gelöst oder – wenn es sich um eine bedrohliche Person handelt – waren wir eben noch guter Stimmung, fühlen wir uns plötzlich bedrückt. Ich habe meinen Patienten immer wieder geraten, in schwierigen Lebenssituationen an Menschen zu denken, die ihnen bei dem gerade anstehenden Problem helfen könnten, oder die ein solches Problem in besonders guter Weise lösen würden. Die Anwesenheit eines solchen inneren Beistandes hat sich meistens als sehr nützlich erwiesen. Das kann der Lebenspartner sein, ein guter Freund, ein wichtiger Lehrer, der Bruder, die Mutter, der Großvater usw. Nicht jede positive Beistands-Person eignet sich für jede Schwierigkeit. Wir müssen lernen, welchen Beistand wir für welches Problem herbeirufen können. Die innere Vergegenwärtigung bringt uns Kraft, schafft uns Verbündete. So haben in früheren Zeiten Menschen die Heiligen angerufen, St. Nikolaus in Seenot, St. Florian in Feuersnot, St. Blasius bei Halskrankheiten. Man kannte damals noch aus den Heiligenleben die Eigenschaften, die Wirkkraft seiner *Schutzpatrone*. Wir haben hier zumindest eine psychologische Seite bei solchen Anrufungen, und warum auch nicht? Die inneren Beistände sind genauso wichtig wie die inneren Feinde, vielleicht noch wichtiger. Auch sie gründen in positiven Erfahrungen unserer Vergangenheit, in Szenen, in denen wir getröstet wurden, Zuspruch und Ermutigung erhielten, Liebe und Wertschätzungen erfahren haben, von dem Vater, von der Mutter, von Lehrern, Nachbarn – wichtigen Bezugspersonen also. Und auch ihre Stimmen haben sich nach und nach verdichtet zu Persönlichkeitszügen, zu Teilpersönlichkeiten, zu den *Verbündeten*, von denen George Bach spricht. So ist es wichtig, auch seine *Nothelfer* zu kennen, sie zu nutzen, sie in schwierigen Situationen verfügbar zu haben gegen innere und äußere Feinde. Und noch wichtiger wird es, in seinem Leben Menschen zu haben, bei denen man Geborgenheit und Zuneigung findet, die verläßlich sind und lebendig, so daß sie uns in schwierigen Situationen als äußere und innere Beistände zur Verfügung stehen, als Vasallen gegen innere und äußere Feinde, denen wir im Leben begegnen und entgegentreten müssen.

Dieses neue Buch von George Bach bietet – wie auch seine vorigen Werke – für die Aufgabe praktischer Lebensbewältigung eine ausgezeichnete Hilfe. Ich wünsche ihm eine weite Verbreitung und hoffe, daß es möglichst vielen Menschen in ihrem Prozeß der Selbstfindung und Persönlichkeitsentwicklung nutzen kann.

Prof. Dr. Dr. Hilarion Petzold
Fritz Perls Institut, Düsseldorf
November 1984

Vorwort

Als ich als Psychotherapeut 1945 mit meiner ersten Gruppe erwachsener Patienten an der Western Reserve Universitätsklinik in Cleveland/Ohio arbeitete, war ich überrascht, festzustellen, daß sie die Tendenz hatten, entweder zu streng oder zu nachgiebig mit sich selbst zu sein. Dieser erste Eindruck hat sich in den beinahe vier Jahrzehnten meiner klinischen Praxis als allgemein gültig herausgestellt. Wenn ich auf meine Arbeit mit über viertausend Menschen zurückblicke, dann fällt mir nicht ein einziger Fall ein, wo der innere Kampf zwischen extremer Selbstliebe und extremem Selbsthaß nicht eine gewisse Rolle spielte. Das gilt auch noch heute, wo ich eher mit weltgewandten, erfolgreichen Menschen in Hollywood zu tun habe und weniger mit jungen, unerfahrenen Patienten der Universitätsklinik.

Als Therapeut war es meine Aufgabe zu versuchen, sie von diesen fruchtlosen Kämpfen abzuhalten und ich wählte meine Behandlungsmethode danach aus, ob sie sich über- oder unterbewerteten. In meinem Bemühen, diesen Patienten zu helfen, stellte ich fest, daß ein starker Widerstand vorhanden war, etwas an dem jetzigen Zustand zu verbessern. Diese frustrierende, paradoxe Reaktion brachte mich dazu, daß ich nach der Ursache für dieses verblüffende Verhalten zu suchen begann. Und nach langen Forschungsjahren entdeckte ich schließlich den Quälgeist, den inneren Unruhestifter, der für das Durcheinander bei der Selbstbewertung verantwortlich ist, der das Gleichgewicht von Selbstlob und Selbstkritik störte. In früheren Büchern (Der intime

Feind, Pairing, Kreative Aggression und Halt, du machst mich verrückt [englisch?]) habe ich schon beschrieben, wie sich eine solche tiefsitzende Unzufriedenheit auf destruktive Weise zum Beispiel bei intimen Beziehungen ausdrücken kann. Ich freue mich, daß ich in diesem Buch meine Methoden aufschlüsseln und erklären kann, wie man mit diesen inneren Miesmachern den Kampf da aufnehmen kann, wo sie sich aufhalten: nämlich in uns selbst. *Das böse Ich* selbst gibt dem einzelnen die Werkzeuge in die Hand, die ihm helfen, das innere Gleichgewicht von positiven und negativen Selbstbeurteilungen aufrechtzuerhalten.

Einleitung

Dieses Buch ist das letzte einer Reihe von Büchern, die Dr. Bach über das Thema Aggression geschrieben hat. Es greift ein trauriges Phänomen auf, das überall zu finden ist, nämlich die Aggression gegen das eigene Selbst, diesen Erzfeind der Selbstverwirklichung, der zwischenmenschliche Beziehungen erschwert und der auf dem Gebiet der Psychiatrie ein Hauptproblem darstellt. Das böse Ich ist das letzte Hindernis – das eigentliche Hindernis –, das sich dem Wunsch des Menschen entgegenstellt, ein erfülltes Leben zu führen, das Wachstumspotential des Organismus' auszuschöpfen.

Das böse Ich scheint unvereinbar zu sein mit dem Wunsch des einzelnen, voranzukommen, das zu werden, was er sich für sich selbst erträumt. Trotz des bewußten Wunsches, etwas zu schaffen, scheitert er, tagein tagaus, Stück für Stück und im allgemeinen durch eigene Schuld. Die negative, destruktive Stimme des Feindes, der sich innen verschanzt hat, übertönt die Stimmen, die von Vorankommen und Selbstwert sprechen, denen man Einfluß zugestehen muß, damit etwas Positives bewirkt wird. Das böse Ich ist nämlich ein Spielverderber, ein Miesmacher, dem schlecht beizukommen ist, der Vernichtung und Verzweiflung bewirken kann, der den einzelnen beherrscht, indem er ihm Furcht und Zweifel einflößt. Ein Leben, das in Abhängigkeit von diesem bösen Ich gelebt wird, in welchem Maß auch immer, verläuft tragisch: man ist um etwas Entscheidenes betrogen worden. In extremen Fällen führen ungelöste innere Konflikte zu Verzweiflung und

Wahnsinn. Der Kampf, den die verschiedenen inneren Stimmen um Macht und Vorherrschaft führen, ist der entscheidende Konflikt des Menschen.

Wie gut man mit dem bösen Ich fertig wird, das bestimmt den Ablauf und den Sinn des eigenen Lebens. Jeder muß sich mit seinem bösen Ich auseinandersetzen, egal, wie schwierig es zu fassen und zu verstehen ist. Glücklicherweise ist der Prozeß selbst, nämlich das Übernehmen der Verantwortung dafür, mit dem bösen Ich fertig zu werden, das Anwenden der Selbsthilfe-Strategien, die in diesem Buch beschrieben werden, eine wirksame Waffe, um eine Veränderung des selbstzerstörerischen Verhaltens herbeizuführen.

Los Angeles, 1982

George R. Bach
Laura Torbet

I. Was glaubst du denn, wer du bist?

1. Das böse Ich

In jedem von uns findet dauernd ein Zwiegespräch statt, was keine Pause kennt. Es ist die Art und Weise, in der der Mensch der westlichen Kulturen denkt: Es ist ein dialektischer Prozeß, bei dem alles von zwei oder mehr inneren Stimmen diskutiert wird, angefangen von der Frage, ob man morgens, wenn man sich im Badezimmerspiegel betrachtet, gut oder häßlich aussieht, über: sollte ich nun den praktischen Kombiwagen oder das Sportmodell kaufen, bis zu den wirklich großen Fragen nach dem Sinn des Lebens oder auch: handele ich nun wirklich richtig? Was wir also als unser Selbst bezeichnen ist in Wirklichkeit eine Gruppe von Stimmen, oder Ichs, die dauernd miteinander im Gespräch sind, ob nun bewußt oder unbewußt, ob offen oder versteckt. Dieser Austausch kann verschiedene Formen annehmen; Zwiegespräche, Diskussionen, Träume und Wachträume, Wünsche, Sehnsüchte, Erinnerungen, Gefühle und Ideen können ein Ausdruck dafür sein. Nicht jeder befaßt sich mit diesem inneren Dialog. Manche Menschen interessieren sich einfach nicht dafür, andere haben keinen Zugang dazu, da das Miteinander der inneren Stimmen selten über das Unberbewußtsein hinaus hörbar ist. Die meisten Menschen aber wissen, daß in irgendeiner Form ständig ein Denkprozeß in ihnen abläuft, selbst wenn sie ihre Gedanken nicht immer klar fassen können oder sogar nicht verstehen könne, was da gerade in ihrem Hirn passiert. Sie wissen allerdings nicht, daß da nicht nur eine Stimme, ein Ich spricht, sondern viele Ichs. Ihnen entgeht dabei das Offensichtliche: das Ich, das dir gerade sagt: «Das grüne Kleid steht dir wunderbar!» kann doch nicht dasselbe sein, wie das, das dir gleich danach zuraunt: «Sicher möchte niemand bei der Party mit dir reden.» Oder die Stimme, die dir zuredet, dir jetzt doch ein Kind anzuschaffen, kann nicht dieselbe sein, wie die, die dann hinzufügt: «Dann wirst du aber nie deine Diplomarbeit fertigmachen.»

Wenn wir erst einmal versuchen, dieses innere Zwiegespräch wahrzunehmen und es uns bewußt machen, dann können wir auch allmählich die Stimmen (oder Denkeinheiten oder Parteien oder Unter-Ichs) von einander unterscheiden und feststellen, mit wem wir es da zu tun haben. Wir merken dann, daß dauernd und überall ein Prüf- und Ausschaltprozeß abläuft, der unser Leben bestimmt. Wir stellen fest, daß die vielen Stimmen komplex sind und einander überschneiden; die Vielfalt der Formen, die diese Unterhaltung mit unserem eigenen Selbst annimmt, überrascht uns. Uns fällt auf, daß die Stimmen sich zu widersprechen scheinen: Kann der Mensch, der sich gerade nach Tomatensuppe und Kräckern sehnt, denn gleichzeitig an den Eisbecher denken, den er letzten Donnerstag gegessen hat? Kann man einen dummen Witz erzählen und gleichzeitig eine großartige Erleuchtung haben? Kann ein morbider Gedanke zusammen mit einem albernen bestehen?

Jake wurde sich seiner widersprüchlichen inneren Stimmen sehr bewußt, als er seinen Herbsturlaub plante:

> «Erst wollte ich zum Grand Canyon fahren, dann träumte ich von einem einsamen Strand. Plötzlich mußte ich an einen Aufenthalt in Aspen denken, dann wieder beeindruckte mich ein Bild aus Japan, das ich in dem Schaufenster eines Buchladens sah. Gleichzeitig gab es immer drei oder vier Stimmen, die überhaupt gegen eine Reise waren. Ich hatte auch noch einen anderen Traum, diesmal von einem Skiunfall. Zu allem Überfluß kam ich mir plötzlich verschwenderisch vor, als ich mir die Reiseprospekte ansah. Ich ertappte mich dabei, wie ich mit einem Freund darüber sprach, wie dringend ich noch verschiedene berufliche Dinge erledigen müsse. Viele Stimmen wollten bei der Planung der Reise zu Wort kommen.»

Wenn wir anfangen, auf die inneren Gespräche zu achten, um herauszufinden, wie wir fühlen und was wir von uns selbst halten, dann verstehen wir bald, was man ausdrücken will, wenn man sagt: «Ich bin da zweigeteilt, ich kann mich nicht entscheiden.» Dann wird es deutlich, daß einige Stimmen stärker, redseliger, gewandter, überzeugender sind als andere. Einige sind uns vertrauter als andere, auf einige achten wir mehr. Bestimmte Stimmen, besonders die, die uns loben und ermutigen, flüstern häufig nur oder werden regelmäßig übertönt. Einige scheinen sich aus bestimmten Streitfällen herauszuhalten und beteiligen sich an der Diskussion nur, wenn für sie wichtige Dinge angesprochen werden.

Ein junger Werbetexter stellt zum Beispiel fest, daß die meisten Stimmen während seiner Arbeit ermutigend und nützlich sind. Sie versichern ihm, daß er gute Arbeit leistet, sie liefern ihm Ideen und Informationen. Wenn er unsicher wird, dann beruhigen sie ihn. Wenn er an sich zweifelt, dann erinnern ihn seine vernünftigen Stimmen an vergangene Erfolge. Dann kommt der Zeitpunkt, wenn er seinen Arbeitsplatz verläßt und sich darauf vorbereitet, seine Freundin auf einen Drink zu treffen. Plötzlich fällt ihm auf, wie erschöpft er eigentlich ist, daß er leichte Kopfschmerzen hat und daß sein Magen sich auch etwas flau anfühlt. Er erinnert sich plötzlich an einen wichtigen Anruf, den er noch machen muß und überlegt, ob er seine Verabredung nicht auf morgen verschieben soll. Den ganzen Tag lang hat er sich in seinen Cordhosen und dem V-Pulli sehr wohl gefühlt. Jetzt scheint ihm seine Kleidung unordentlich, und er fragt sich, ob das Dunkelblau nicht zu langweilig und unauffällig ist. Als er heute morgen in den Spiegel sah, da sah ihn ein «flotter Kerl» an. Jetzt ist er plötzlich überzeugt, daß seine neue Bekannte eigentlich nicht auf ihn, sondern nur auf sehr gut aussehende Männer fliegt. Woher kommen diese negativen Stimmen? Wo waren sie, während er arbeitete? Und wo bleibt jetzt die Bestätigung von innen?

Manchmal sind diese inneren Unterhaltungen friedlich, vernünftig und sachlich. Manchmal ist alles still, wenn du arbeitest oder einen Film anschaust, oder du vernimmst nur passende, nützliche Bemerkungen. Zu anderen Zeiten aber werden die inneren Diskussionen so laut, undiszipliniert und chaotisch, daß an Arbeit oder Kino nicht zu denken ist. Manchmal sind die inneren Stimmen schwer faßbar, sie scheinen sich in stille Ecken zurückzuziehen, flüstern miteinander und verstellen sich. Das gibt dir den Eindruck, daß du überhaupt nicht weißt, was du willst. Manchmal schmeicheln die Stimmen, manchmal loben sie dich. Dann wieder verspotten sie dich, oder sie jammern oder sie klagen an. Manchmal hörst du von ihnen immer wieder die alten Geschichten, jahrein, jahraus: «Solltest du nicht endlich diese Stellung, die keine Zukunft hat, kündigen?» Oder: «Du hättest doch Ellen heiraten sollen!» Oder: «Du bist viel zu dick. Wenn du nur einen Funken Willenskraft hättest, könntest du leicht 10 Pfund abnehmen!» «In dem Kleid siehst du furchtbar aus ...», und so weiter und so weiter. Die Unterhaltung, die in uns stattfindet, ist wie ein Kitschroman. Manchmal finden wir ihn unterhaltend und interessant, manchmal ist er sterbenslangweilig und manchmal kann er uns sogar einen ordentlichen Schrecken einjagen. Zu oft nämlich passiert es, daß die negativen, spöttelnden, abfälligen, kritischen, nachtragenden und verletzenden Stimmen die Oberhand haben. In dem dauernden Kampf darum, gehört zu werden, schieben sie die positiven, freundlichen, ermutigenden und bejahenden Stimmen beiseite und sind dann diejenigen, die die Entscheidungen treffen und unsere Handlungen bestimmen. Wenn das passiert, dann greifen wir uns selbst an: «Das war wirklich die reinste Dummheit, meine Tasche im Hotelzimmer zu lassen.» Wir tun etwas, von dem wir wissen, daß es uns schadet: «Grund genug, das ordentlich mit ein paar Drinks zu feiern: für diese Gehaltserhöhung habe ich mich sehr angestrengt.» Wir bringen uns selbst auf Abwege; wir sagen uns Sachen, die sich niemand getraute, uns zu sagen oder selbst zu denken. Wir behandeln uns selbst, wie wir nie jemand anderen behandeln würden. Die dauernde Belagerung durch die negativen Stimmen schwächt uns; wir können unsere Leistungskapazität nicht mehr ausnutzen und sind gefühlsmäßig abgestumpft.

Mehr oder weniger ausgeprägt gehen die meisten Menschen mit sich selbst weitaus selbstzerstörerischer, härter und strafender um, als sie es von ihrem schlimmsten Feind erwarten würden. Sie richten sich in einer Brutalität gegen sich selbst, die Gewalttätigkeit, Naturkatastrophen, Inflation und die Gefahren der Luftverschmutzung vergleichsweise harmlos erscheinen lassen. Kurz gesagt, sie terrorisieren sich selbst. Das böse Ich ist ihr eigener schlimmster Feind.

«Immer wenn mir jemand ein Kompliment macht, dann sage ich, ohne daß ich darüber nachdenke: ‹Nicht der Rede wert›, oder: ‹Dieses Kleid habe ich nicht selbst ausgesucht.› Dabei stimmt das gar nicht, und heimlich genieße ich auch das Lob. Ich glaube, meistens finde ich auch, daß ich es verdient habe, aber ich scheine mit dem unechten Gerede nicht aufhören zu können.»

«Im letzten Jahr habe ich dreimal die Originale meiner Projektanträge in der U-Bahn vergessen. Ich strenge mich bei dem Schreiben dieser Anträge ganz besonders an, und am Wochenende vor dem Stichtag nehme ich sie im allgemeinen mit nach Hause, um sie ein letztes Mal durchzugehen und dann abzutippen. Jedesmal nehme ich mir vor, besonders vorsichtig zu sein; jedesmal will ich eine Kopie davon machen und im Büro lassen, und jedesmal versäume ich es. Daß ich die Papiere in der U-Bahn liegenlasse, kann ich schon irgendwie verstehen – meistens bin ich müde, abgespannt, mache mir Sorgen, ob der Antrag durchgeht, ob meine Ideen auch sinnvoll sind. Aber warum mache ich bloß keine Kopie, vor allen Dingen, wo ich doch weiß, was passieren kann? Das ist doch die reinste Selbstbestrafung.»

«Allmählich fange ich an zu verstehen, warum ich keinen Mann für eine feste Beziehung finden kann, obwohl ich das doch eigentlich wirklich möchte. Ich weiß, daß ich etwas sehr anspruchsvoll bin, ich möchte nicht den ersten besten heiraten, aber trotzdem ... Neulich ging ich abends mit einem Filmregisseur aus, von dem etliche meiner Freundinnen begeistert waren, und ich mußte den ganzen Abend auf seine Augenbrauen starren. Sie waren dicht und richtig buschig und schienen das ganze Gesicht zu beherrschen. Ich war wie gebannt, und gleichzeitig fand ich sie abstoßend und konnte mich nicht auf die Unterhaltung konzentrieren. Am nächsten Tag rief mich meine Freundin Kati an, um zu fragen, wie es denn gewesen sei. Nicht schlecht wohl, meinte ich, aber er hatte diese schrecklichen Augenbrauen! Na, da gab Kati es mir aber und erinnerte mich daran, daß ich in den vergangenen sechs Monaten allerlei Männer schon nach dem ersten Treffen aus den verschiedensten Gründen abgeurteilt habe: einer hatte nicht genug Haare, einer hatte immer so schrecklich konservative Anzüge an, der dritte achtete nicht auf gesundes Essen, der vierte hatte den falschen Politiker gewählt und der fünfte zugegeben, daß seine Wohnung immer ziemlich unordentlich sei. Sie zeigte mir, daß ich immer diejenige war, die den Abstand aufrecht erhielt, die Gründe für Absagen fand, die die eigenen Chancen verdarb, das zu bekommen, was sie wollte. Und das seit Jahren.»

Es ist entscheidend, daß einem bewußt wird, was da in einem passiert, daß man dafür sorgt, daß die innere Debatte auf faire Weise geführt wird, damit die daraus folgenden Entscheidungen in unserem Interesse liegen. Das Ergebnis dieser Debatte bestimmt über Erfolg oder Versagen, Vergnügen oder Schmerz, Selbstachtung oder Selbsthaß.

Die meisten Menschen machen sich wirklich viele Gedanken darum, wie man ein sinnvolles Leben führt, ein Leben, auf das man stolz sein kann und das auch von denjenigen, die einem nahestehen, akzeptiert wird. Das Streben nach Erfüllung, nach einem umfassenden Dasein, nach Entwicklung und persönlichem Fortkommen findet man bei jedem. Und doch stellen die meisten Menschen so oft fest, daß sie sich so oft selbst im Wege stehen. Sie schalten dann die positiven Empfindungen aus und lassen sich von den negativen beherrschen. Sie treffen immer wieder die falschen Entscheidungen. Manchmal sind es relativ unwichtige Entscheidungen: wenn man zum Beispiel in einem Restaurant etwas bestellt und hinterher feststellt, daß man eigentlich etwas ganz anderes wollte. Aber manchmal können die eigenen Entscheidungen das ganze Leben eines Menschen verändern, und viel zu oft geschieht das nicht zum Guten. Ein Paar meint zum Beispiel, daß sie nun wirklich etwas weniger arbeiten, aufs Land ziehen und ein einfacheres Leben führen wollten. Aber dann wurde sie wieder von einem neuen Job in Versuchung geführt, «den man einfach nicht ausschlagen kann»; er sieht ein Auto, was er unbedingt haben möchte. Sie haben keine Zeit, ihren Traum wahr werden zu lassen. Sie sind zu beschäftigt, um zu erkennen, was eigentlich mit ihrem Traum passiert, und dann wundern sie sich, warum sie immer noch so unglücklich sind. In einem anderen Beispiel geht ein Mann vielleicht eine Beziehung mit einer Frau ein, die kleinlich an ihm herumnörgelt, oder einer, die seine guten Seiten, seine Begabungen und seine Fähigkeiten zu lieben nicht sieht oder einer, deren Wertvorstellungen einfach völlig anders sind als seine. Und doch wählt er immer wieder denselben Typ Frau, wenn auch in anderer Ausführung. Und jedesmal denkt er, daß es diesmal anders ist, daß er die Richtige gefunden hat. Was sind das für Stimmen, die diejenigen übertönen, denen unser Wohl am Herzen liegt? Warum achten wir so sehr auf sie? Warum sind sie so mächtig?

Es ist nicht leicht, sich die inneren Gespräche bewußtzumachen. Meistens laufen sie in unserem Unterbewußtsein ab, und dem bösen Ich ist es so nur recht. Es hat gern, wenn wir verwirrt, unsicher und irgendwie unglücklich sind. Wenn die negativen Stimmen die Übermacht haben, dann können sie die Handlungen und Entscheidungen beeinflussen, die unser Leben bestimmen. Die freundlich gesinnten sind diejenigen, die dich offen ermutigen und dich wunderbar finden. Das böse Ich versteckt sich lieber und quält dich in einer ausgefallenen, schwer faßbaren Weise, wobei es immer wieder versucht, deine freundlichen Verbündeten zu überstimmen. Es will nicht bekannt werden. Es will geheim bleiben.

Das böse Ich muß aber entlarvt werden; solange es nämlich in deinem Unterbewußtsein steckt, wo du es nicht sehen, hören oder verstehen kannst, hat es die Macht, dich zu kontrollieren und zu quälen. Wenn du erst einmal diese negativen Stimmen ans Licht bringst, um sie näher zu betrachten, dann verlieren sie viel von ihrem Schrecken, ihr Einfluß wird abgeschwächt, und sie können dich nicht mehr so leicht überraschen. Du lernst sie besser kennen und weißt bald, wie du mit ihnen fertig werden kannst.

Man darf allerdings nicht unterschätzen, daß sich das böse Ich höchst ungern bloßstellen läßt. Jeder, der schon einmal versucht hat, frei zu assoziieren, sofort auszusprechen, was ihm in den Sinn kommt, sei es während einer Psychoanalyse, in einer therapeutischen Behandlung oder einfach im Gespräch mit einem Freund, weiß auch, wie übermäßig kritisch und einschränkend wir mit uns selbst umgehen. Er kennt die Mauern, die wir selbst aufbauen, zwischen unserem Wunsch nach Selbsterkenntnis und dem Widerstand dagegen, der Furcht vor Enthüllungen, die damit Hand in Hand geht. Alle Konfrontationen sind schwierig, aber eine Konfrontation mit dem Selbst und damit vielleicht ein Streit mit den inneren Stimmen, könnte uns zerreißen. So scheint es sicherer zu sein, einfach mit dem bösen Ich zu leben und eine Konfrontation zu vermeiden. Oder sogar abzustreiten, daß es dieses böse Ich und seine Macht über uns überhaupt gibt. Aber die Unruhe verläßt uns nicht und auch nicht das Gefühl des Unerfülltseins.

Viele Menschen haben eine vage Vorstellung davon, daß sie sich selbst im Wege stehen. Sie kennen den Widerstreit zwischen dem Selbst, das sich entwickeln und vorankommen möchte und dem, das ihnen immer wieder den Boden unter den Füßen wegzieht. Sie träumen, bauen Luftschlösser und fragen sich immer wieder, was sie wohl tun könnten, «wenn nur ...».

Dieses Buch befaßt sich mit dem «wenn nur ...».

Das böse Ich ist das «wenn nur ...» Das böse Ich ist das im Menschen, was ihn immer wieder zurückhält. Der Mensch aber hat die Macht, das böse Ich zwar nicht zu verprügeln, noch mit ihm gemeinsame Sache zu machen, sondern zu lernen, mit ihm in einer Atmosphäre zu leben, wo fair gespielt und diskutiert wird, wo die inneren Freunde gleiches Stimmrecht haben wie die inneren Feinde, zu lernen wie diese negativen Energien in kreative Bahnen gelenkt werden, so daß sie dem Menschen nützen können.

Du kannst das böse Ich nicht loswerden, aber du kannst seine Macht, mit der es dich terrorisiert und dein Selbstbewußtsein untergräbt, sehr schwächen. Wenn du es fertigbringst, das böse Ich in den Griff zu bekommen, diese Kräfte, die dich verrückt machen, die dich verunsichern und dauernd an dir herumkritisieren, dann kannst du es mit jedem Feind von außen aufnehmen. Indem du das böse Ich aus seinem Versteck ins Licht ziehst, gibst du dir die Chance, zwischen vielen Stimmen und Möglichkeiten zu wählen, und zwar auf vernünftige und positive Weise. Und damit kannst du dann das erfülltere Leben führen, was bisher nur knapp außerhalb deiner Reichweite gelegen hat.

2. Aggressionen gegen sich selbst

Wer ist das böse Ich, und was hält es am Leben? Warum äußert es soviel Schlechtes über dich? Um es so einfach wie möglich zu machen: das böse Ich ist der nicht-kreative Brennpunkt unserer Ängste. *Es ist unser Zorn, der sich gegen uns selbst richtet.*

In den letzten Jahrzehnten ist viel über zwischenmenschliche Aggression geschrieben worden: über die Konflikte in der Familie, zwischen Eheleuten und in der Gemeinde. Zorn wird heute selbst in der besseren Gesellschaft akzeptiert; das Unterdrücken oder das Abstreiten eines Wutgefühls wird vom therapeutischen Standpunkt aus nicht mehr befürwortet. Viele Menschen haben gelernt, wie man seinen Zorn auf konstruktive Weise im Umgang mit anderen anwendet. Sie haben gelernt, ihrem Partner die Stirn zu bieten, gerecht mit ihren Kindern umzugehen und sich in der Gesellschaft Gehör zu verschaffen. Sie haben in Seminaren gelernt, wie man sich selbst behauptet, haben Kurse in Yoga oder Karate mitgemacht. Und doch können sie immer noch nicht erkennen, auf welche zerstörerische und verletzende Weise sie ihren Zorn gegen sich selbst richten. Aus dieser Beobachtung entstand die Idee für dieses Buch: Nach vielen Jahren als Spezialist in Sachen Aggression und ihrer konstruktiven Nutzung, ist es Dr. Bachs Erfahrung, daß zwischenmenschliche Aggressionen sehr viel schneller und leichter in den Griff zu bekommen sind als der Zorn, der sich gegen das eigene Ich richtet und der scheinbar besonders schwierig und mühsam zu handhaben ist.

Wenn wir etwas über diese selbstzerstörerische Wut lesen, dann handelt es sich im allgemeinen um offensichtliche und extreme Fälle: Alkoholismus, Drogenabhängigkeit, Sadomasochismus, kriminelles Verhalten, psychosomatische Krankheiten und Selbstmord. Was man häufig in der populären Literatur vertuscht, ist die überall vorhandene, tägliche, langsame Folterung, die stattfindet, wenn sich der Mensch mit seinen Aggressionen gegen sich selbst richtet; ein Vorgehen, was nur schwer zu identifizieren ist und noch schwerer eingestanden werden kann. Was man dabei übersieht oder nicht zugeben will, ist das Ausmaß, in dem der Selbsthaß Gedanken und Handlungen bestimmt:

- Man kommt zu spät zur Arbeit, und das jeden Tag.
- Man sagt etwas, das man nicht so meint, zu jemanden, der wichtig ist, dem Geliebten, dem Kind oder dem Chef.
- Man beschimpft sich selbst und macht sich Vorwürfe wegen irgendwelcher nicht vorhandener Fehler oder Nachlässigkeiten, die man angeblich begangen hat.
- Man verschwendet seine Zeit mit Menschen, die negativ und unproduktiv sind oder selbst ihre Zeit verschwenden.
- Man macht sich dauernd Sorgen, z. B. ob man auch gesund ist, ob man auch geliebt wird, wo die Kinder wohl gerade sind oder ob es bald eine wirtschaftliche Depression gibt.

Viele Menschen wenden sich erschreckt von dieser Vorstellung ab. Sie wollen nicht darüber sprechen. Ihnen ist der Teil ihres Selbst faßbarer, den sie als «gesund» bezeichnen – das Positive, Selbstbewußte, Wachsende, Vorwärststrebende in ihnen, was dem Bild entspricht, das sie von sich haben wollen. Mit diesem Selbstbild fühlen sie sich wohl: «Ich mache mich nicht selbst schlecht, ich bestrafe mich nicht», so sagen sie, «ich achte sehr auf meinen eigenen Vorteil; ich bin wahrscheinlich eher ein bißchen egoistisch.» Ihnen ist häufig nicht bewußt, oder sie wollen es nicht akzeptieren, daß es dieses negative, zerstörerische und feindselige Anti-Selbst gibt. Schon die Vorstellung scheint lächerlich zu sein, es kann unmöglich wahr sein. Angeblich sind wir doch heutzutage in besonderem Maße nur mit uns selbst beschäftigt (narzißtisch ist wohl das Modewort) und vergnügungssüchtig, richtige Genußmenschen? Machen wir uns nicht vor allen Dingen Gedanken um unseren persönlichen Erfolg, um materielle Bequemlichkeiten, um unsere Karriere? Handeln wir nicht meistens nur aus eigenem Interesse, also egoistisch? Ist es nicht ein Teil der menschlichen Natur, daß man immer nur im eigenen, besten Interesse handelt?

Diese Theorie über die menschliche Natur wird selten in Frage gestellt, und doch liegt es klar auf der Hand, daß sie falsch ist. Natürlich kann man allerlei Beweismaterial dafür finden, daß wir sehr egoistisch sind. Geben wir nicht mehr Geld für Diskotheken als für Kinderhorte aus? Verbringen wir nicht mehr Zeit mit unseren Sportkameraden als mit unseren Kindern? Gibt es in unserer Nachbarschaft nicht mehr Kriminalität als Sorge für den Nächsten? Hören wir nicht täglich in den Nachrichten von Terrorismus hier und weltweit?

So weit, so gut. Wie aber können wir dann die Kehrseite erklären? Man muß sich das menschliche Verhalten nur einmal ein bißchen aus der Nähe betrachten, um zu sehen, daß wir häufig gegen unsere eigenen Interessen handeln, manchmal nur leise und spöttelnd, manchmal gewalttätig, sozusagen mit einer Keule in der Faust. Wie kann man sonst die Tatsache erklären, daß wir in Panik geraten oder krank werden, gerade dann, wenn eigentlich alles besonders gut geht, ja, daß wir sogar schlaflose Nächte haben oder von Alpträumen gequält werden. Warum sehen wir plötzlich Probleme da, wo vorher nie welche waren? Was treibt uns gerade in guten Zeiten dazu, uns mehr als sonst zu beobachten, mehr Alkohol als sonst zu trinken? Warum sind wir manchmal wie gelähmt? Wer oder was flüstert uns ins Ohr, daß man diesen Extrakeks schon essen darf und grinst uns dann aus dem Spiegel an und behauptet, daß wir schrecklich häßlich und abstoßend seien? Wer stachelt uns dauernd dazu an, mehr zu tun, lobt uns aber nie für unsere Leistungen, sondern malt uns nur aus, daß wir wieder versagen werden? Ganz sicher sind das nicht Freunde, Menschen, die wir lieben oder aber Menschen, die eine gewisse Macht über uns haben wie Lehrer oder Arbeitgeber. Dieses strafende, zerstörende Untier ist der Feind, der in uns selbst sitzt. Es ist der Quälgeist in uns, der uns nie in Ruhe läßt: «Was glaubst du denn, wer du bist», fragt er, «warum hältst du den Kopf hoch, versuchst erfolgreich, zufrieden, geliebt und liebenswert zu sein, dein Leben zu genießen? Du hast vielleicht Nerven. Ich werde es dir schon zeigen.» Im Vergleich mit der täglichen langsamen Folter der Selbst-Terrorisierung ist das, was die Welt draußen von uns verlangt, eine Kleinigkeit.

Ein Mensch ohne diesen Quälgeist ist eine Seltenheit. Nur wenige entkommen den Klauen des bösen Ichs, obgleich viele sich bemühen und sein Vorhandensein und seine Macht abstreiten. Selbst John McEnroe, auf der Höhe seiner Karriere, beschimpft sich bei den Endspielen in Wimbledon, nennt sich immer wieder idiotisch und schlägt sich sogar mit seinem eigenen Tennisschläger. Der Quälgeist ist ein Teil seines Selbst geworden. Bei manchen Menschen nimmt er außerdem besonders versteckte Formen an, wodurch er schwer zu erkennen und seine Existenz leicht abzustreiten ist. Es gibt Menschen, die sich dagegen sträuben, sein Vorhandensein anzuerkennen. Sie bemühen sich meistens besonders darum, ein ausgeglichenes Leben zu führen, stellen sich selbst als vernünftig und durch nichts zu erschüttern dar.

«Eines Abends hatten wir eine Abendeinladung, an der acht Personen teilnahmen, und wir kamen auf das böse Ich zu sprechen und jeder erzählte, auf welche Weise der eigene Quälgeist arbeitete. Eine der Frauen war ganz sicher, daß sie kein böses Ich hätte, daß sie nie unter negativen Gedanken litt und Selbstzweifel ihr unbekannt waren. Oberflächlich gesehen, konnte man das schon glauben, sie sah sehr gut aus und schien immer sehr ausgeglichen zu sein. Später aber, als die Unterhaltung bei einem anderen Thema angelangt war, amüsierte sie die ganze Gesellschaft mit ihrer Beschreibung, wie sie es gelernt habe, auf Kommando ohnmächtig zu werden, um Aufmerksamkeit zu erregen und wie sie aus demselben Grund gelernt habe, die Symptome einer schweren Mandelentzündung nachzumachen, und zwar so gut, daß man sie schließlich ins Krankenhaus brachte und ihr die Mandeln entfernte. Und das, obgleich sie sich wirklich bemühte, Arzt und Verwandte davon zu überzeugen, daß alles mit ihr in Ordnung sei.»

Was war das, was sie zwang, so gekonnt Theater zu spielen, daß sich ihr Können schließlich gegen sie selbst richtete?

Die Vorstellung eines Verhaltens, das dem eigenen Selbst schadet, ist sehr schwer zu akzeptieren, selbst wenn es dafür etliche Beweise gibt. Es paßt absolut nicht zu dem Bild, was wir von der menschlichen Natur haben wollen. Die meisten Menschen haben tatsächlich allerlei Gründe und vernünftige Erklärungen dafür, warum es ihnen nicht gutgegangen ist, warum sie nicht erreicht haben, was sie wollten. Marianne konnte zum Beispiel das Bild nicht zu Ende malen, weil das Telefon dauernd klingelte. Allan verlor die Golfrunde, weil sein Partner immer dann redete, wenn er den Ball gerade schlagen wollte. Elly konnte ihre Ausbildung nicht beenden, weil ihr Mann sie zu Hause haben wollte, wenn er von der Arbeit kam. Es ist viel leichter, anderen die Schuld zu geben, als sich selbst, ein besonderes Pech oder die Gesellschaft im allgemeinen verantwortlich zu machen, die kalte, grausame Welt.

Es ist kein Wunder, daß man immer noch nicht richtig erkennen kann, wie das böse Ich arbeitet und sich bemerkbar macht. Es hat eine Unzahl von Möglichkeiten, die schwer zu fassen sind und sich dauernd ändern können:

«Ich hatte geglaubt, daß ich mit meinem bösen Ich große Fortschritte gemacht hatte und daß ich viele der Verhaltensweisen, die sich gegen mich selbst richteten, in den Griff bekommen hatte: die Angewohnheit zuviel zu trinken, meine Kollegen vor den Kopf zu stoßen, mir dauernd um mein Herz Gedanken zu machen und ewig an meiner Frau herumzumeckern. Mein Leben läuft jetzt in ruhigen angenehmen Bahnen, und ich bin stolz darauf, daß ich das aus eigener Kraft geschafft habe. Trotzdem habe ich plötzlich schreckliche Alpträume, in denen Freunden ein Unglück passiert, oder ich meine Stellung verliere oder meine Frau wütend wird und mich verläßt.»

«Ich mußte eine Beförderung ablehnen, weil ich in der neuen Position regelmäßig hätte vor Versammlungen von Angestellten sprechen müssen. Ich hatte zu große Angst davor. Immer, wenn ich darüber nachdachte, konnte ich mir nur die schlimmsten Situationen vorstellen: daß ich das Verkehrte sagen würde, daß ich stottern, Wichtiges vergessen würde oder sogar, daß mein Unterrock unter meinem Rocksaum hervorschauen würde. Das ist jetzt schon vier Jahre her, und eigentlich ist es nur schlimmer geworden; ich hätte mich irgendwie dazu zwingen sollen. Dieses Versagen damals quält mich noch heute, und natürlich ist es jetzt zu spät. Jetzt werde ich mich nie mehr um eine bessere Stellung bemühen.»

«Bei mir scheint sich immer wieder dasselbe abzuspielen: Als erstes suche ich nach Beweisen dafür, daß meine Frau mich nicht liebt, dann konfrontiere ich sie damit. In dem Streitgespräch, das unweigerlich darauf folgt, sehe ich zu, daß sie sich nicht verteidigen kann. Anfangs tat ich ihr leid, wenn ich mit meinen Argumenten kam, aber jetzt wird sie nur ärgerlich und hat das Gefühl, daß mir nichts an ihr liegt. Dann streiten wir uns richtig, und es endet damit, daß ich mir zwar schäbig vorkomme, daß ich es wieder habe soweit kommen lassen, obgleich ich wußte, daß es nicht die Wahrheit war, aber ich kann es ihr gegenüber nicht zugeben. Natürlich verliert sie allmählich ihr Vertrauen zu mir und hat Hemmungen, offen mit mir zu sein.»

«Es passiert oft gerade dann, wenn ich mich amüsiere, wenn ich lachen und meine Schwierigkeiten einmal vergessen kann, daß mich ein großes Angstgefühl überkommt. Dann fühle ich einen starken Druck im Nacken, und mir prickelt die Haut. Und doch kann ich keinen Grund für diese Empfindungen entdecken.»

«Meine beste Freundin kritisiert immer an mir herum, sie hat an allem etwas auszusetzen: wie ich aussehe, daß ich nicht genug Zeit für sie habe, wie meine Wohnung aussieht, daß ich zuviel Süßes esse. Selten sagt sie etwas Positives. Und für mich scheint ihre Meinung wichtiger zu sein als die meiner anderen Freunde, die nicht meckern.»

«Es passiert bestimmt zwanzigmal am Tag, daß ich mich selbst beschimpfe, mich als dumm, dämlich, faul und Idiot bezeichne.»

«Ich habe meine Brille dieses Jahr schon viermal verloren.»

«Ich schaffe es eigentlich jedesmal, den Abgabetermin für meinen monatlichen Artikel einzuhalten, aber es ist immer das gleiche Theater: Ich muß zwei Nächte durchmachen, trinke zuviel Kaffee, habe Angst, daß ich nicht fertig werde, mir fehlen meine Freunde, ich kann nicht ins Kino gehen, und hinterher fühle ich mich krank und erschöpft und ärgere mich über mich selbst.»

«Ich mag einfach nicht allein sein. Ich weiß nie, was ich machen soll, und so mache ich mir zu viele Gedanken, oder ein Angstgefühl packt mich, oder ich lege mich einfach ins Bett und schlafe. Damit ich nicht allein sein muß, mache ich nahezu alles mit, gehe zu Partys, in Bars, zum Kegeln oder zum Angeln mit irgendjemandem und habe doch nie Freude daran. Und ich verabrede mich mit Frauen, schlafe sogar mit ihnen, obgleich sie mich zu Tode langweilen. Ich verschwende Zeit und Geld, und hinterher geht es mir bloß schlechter als vorher.»

«Schon seit Jahren wollte ich gern Tennisstunden nehmen, aber jedesmal, wenn sich die Gelegenheit bietet, finde ich Gründe, warum ich es gerade jetzt nicht tun kann: keine Zeit, kein Geld, unsympathischer Trainer, oder mir gefallen die Tennisplätze nicht.»

«Ich habe solche Hemmungen wegen meiner Figur, daß ich nicht einmal mit den Männern ins Bett gehe, die mir wirklich etwas bedeuten. Dabei brauchte ich nur 10 Pfund abzunehmen, aber ich schaffe es nicht.»

Damit, daß sich Menschen selbst strafen, daß sie sich Freuden versagen und Leistungen absprechen, zahlen sie einen hohen Preis. Scheinbar ist es einfacher, sich selbst durch dauernde Angst und Überlastung einzuschränken, als sich dem bösen Ich zu stellen und dann vorwärts zu gehen. Im Status quo liegt Sicherheit; vor jeder Veränderung hat man Angst. Menschen würden es lieber auf sich nehmen, narzißtisch und genußsüchtig genannt zu werden, als zuzugeben, daß es eine ganze Reihe von Beweisen gibt, die gerade dieser Meinung widersprechen.

Tatsächlich ist gerade die lächerliche Art und Weise, in der sie sich selbst wegen ihres Egoismus Vorwürfe machen, ein Beweis für das Gegenteil: Sie haben in Wirklichkeit Schuldgefühle wegen der guten Dinge in ihrem Leben, so, als ob sie sie eigentlich nicht verdienten. Sie schämen sich, daß sie nicht mit dem zufrieden sind, was sie haben; sie machen sich durch ihre Selbstkritik nur zu gern wieder unglücklich. Es ist nicht so, daß die Ich-Bezogenheit der letzten zehn Jahre nicht auch ihre Extreme hatte, oder besser gesagt, teilweise in die falsche Richtung ging. Aber verdienen es die Menschen nicht, daß sie einige der schönen Dinge des Lebens genießen können, ohne daß sie dafür, zum Beispiel mit Schuldgefühlen, bezahlen müssen?

Wenn Menschen sich gegen sich selbst wenden, dann verlieren sie die instinktiven Fähigkeiten, die ihre Entwicklung voran bringen. Psychologisch ausgedrückt: sie werden neurotisch. Ihre Ängste verderben alles, und ihre größte Sorge ist, daß sie sich irgendwie selbst verlieren. Wenn sie wirklich den Kampf mit dem versteckten Feind aufnehmen, so fürchten sie, dann werden sie sich ihm und damit ja einem Teil ihres Selbst entfremden, sie werden sich selbst zerstören. Es ist eine Sache, wenn man sich seinem Ehepartner, einem Freund oder den Eltern entfremdet, aber was bleibt übrig, wenn dieser Abgrund sich in dem eigenen Ich auftut? Wenn sie also auch bereit sind, auf die inneren Stimmen zu hören, so haben sie gleichzeitig Angst vor dem, was dabei herauskommen kann. Außerdem haben sie große Schwierigkeiten, die Stimmen voneinander zu unterscheiden; die Botschaften sind entstellt und schwer zu fassen, ein unverständliches Geplapper. Sie fühlen sich angespannt und überfordert.

Der Kampf mit sich selbst ist der schwierigste Kampf überhaupt. Er wird in langsamen, mühevollen Schritten geführt. Eingefahrene Gewohnheiten, hier des negativen Denkens, müssen in eine andere Richtung gebracht werden. Aber es lohnt sich, denn wenn die aggressiven Impulse in die richtigen Bahnen gelenkt werden, wird man andauernde positive Ergebnisse haben. Wenn wir lernen, fair mit uns selbst zu kämpfen, dann können wir auch irrationale Ängste verlieren und Hindernisse aus dem Weg räumen, die uns in dem alten unproduktiven Verhaltensschema festhalten. Es ist ein Kampf, bei dem Aggressionen unseren Bedürfnissen und Wünschen dienstbar gemacht werden.

3. Vernünftiges Eigeninteresse

Jetzt, da das Jahrzehnt der Ich-Bezogenheit, des «Ich-um-jeden-Preis» offiziell vorbei ist, scheint ein Buch über das böse Ich, über Selbstverwirklichung und innere Vorgänge vielleicht fehl am Platz. Heute ist alles verdächtig, was nur im entferntesten nach Selbstbezogenheit klingt. Man weiß jetzt, daß man sich manchmal bis zum Exzeß und auf verkehrte Weise zu sehr mit sich selbst und zu wenig mit anderen beschäftigt hat, daß man sich zu sehr selbst verwirklichen wollte und dabei die Rechte des anderen auf demselben Gebiet vergaß.

Auf der Suche nach Selbstverwirklichung, in dem Wunsch, den eigenen Ängsten vorübergehend zu entfliehen, dem eigenen begrenzten und glanzlosen Leben zu entkommen, gingen viele Menschen zu weit oder auch in die verkehrte Richtung. Sie fanden sich auf der falschen Spur wieder, waren isoliert und stellten fest, daß sie nicht das befriedigende Leben gefunden hatten, nach dem sie ernsthaft und zu Recht gesucht hatten. Ein stärkeres, perfekt funktionierendes Selbst konnte ihre Bedürfnisse nur zum Teil befriedigen, und sie erkannten, daß sie sich ihren inneren Dämonen stellen müssen, statt ihnen zu entkommen versuchen, und daß sie ihre Beziehungen zu anderen intensivieren und ausweiten müssen.

Heute wird die Bedeutung von Selbstverwirklichung geschmälert, und Narzißmus ist zum Schimpfwort geworden. Heute wird einem vom Psychiater nicht mehr gesagt, daß man nur allein stur den eigenen Zielen folgen soll, sondern daß man in Verbindung mit anderen handeln soll, was auch gut und richtig ist. Diese Gegenbewegung ist sehr stark. Jetzt kritisiert man sich heftig dafür, man sei zu sehr mit sich beschäftigt, wenn man auf der Suche nach sich selbst und einem unkomplizierteren Leben für sich selbst ist.

Das Problem ist weniger, daß in sich hineinzusehen oder persönliche Erfüllung zu suchen, etwa falsch ist. Man fängt es zu häufig nur verkehrt an, indem man es auf eine Weise versucht, die einen nicht nur von den anderen, sondern auch von seinem wahren Selbst entfremdet.

Dieses Bemühen in die verkehrte Richtung hat das böse Ich gestärkt, ohne daß das beabsichtigt war; es kann sich nichts Besseres vorstellen. Im Zeitalter der Selbstverwirklichung fühlt sich der innere Quälgeist bedroht und verhält sich schlimmer denn je. Das böse Ich möchte nicht, daß wir seinem Netz entkommen; wenn wir aber nicht verstehen lernen, wie es funktioniert, ja, daß es überhaupt vorhanden ist, können wir ihm nicht entfliehen. Je mehr wir an Rolfing, an EST und an Vitamine glauben, an das Heil durch Joggen, durch den Kauf eines neuen Autos, je mehr wir uns bemühen, einen großen Abstand zwischen dem Selbst, was erfolgreich sein möchte, und den selbstzerstörerischen Kräften in uns zu schaffen, desto mächtiger und grausamer wird das böse Ich sein.

Übermäßige Beschäftigung mit dem Selbst wird zu einem zweifelhaften Unterfangen, es sei denn, daß ... Es sei denn, daß wir lernen, vernünftig und abgewogen mit uns selbst umzugehen, daß wir das böse Ich als vorhanden anerkennen und sehen, welche Rolle es in unseren Plänen zur Selbstverwirklichung spielt; daß wir lernen, wie man gut von schlecht, richtig von falsch und ein fundiertes von einem instabilen Interesse an uns selbst unterscheiden kann; es sei denn, daß wir auch unsere Verbündeten unter den inneren Stimmen kennenlernen und sie ermutigen, bei unseren Urteilen und Entscheidungen eine faire Rolle zu spielen, und daß wir einsehen, daß die Selbsterkenntnis und die Verantwortung für sich selbst die Voraussetzung dafür ist, daß man auch andere wirklich kennenlernen und für sie das Richtige tun kann.

Um zum Erwachsenen zu werden, muß man den Übergang finden von dem Geachtet-Werden durch andere zu der eigenen Selbstachtung, von dem Kritisiert-Werden durch andere zur fairen Selbstkritik. Wenn Menschen es nicht fertigbringen, mit sich selbst richtig umzugehen, dann können sie der Verurteilung durch ihre inneren Stimmen nicht entkommen, egal wie sehr sie die Welt draußen auch lobt. Wenn Selbstverwirklichung durch Joggen, Meditation und Kochkurse nur darauf ausgerichtet ist, daß andere einen mehr lieben und bewundern, daß man die störenden inneren Stimmen auslöscht, daß man sich eine dicke Haut anschafft, wenn man nicht geliebt wird, oder daß man sich anderen überlegen und von ihnen unabhängig fühlen kann, dann wird nichts die Gefühle von Selbstzweifel und Wertlosigkeit bezwingen können. Wir müssen also unser Interesse an uns selbst mit neuen Augen betrachten, herausfinden, was es bedeutet, woraus sich diese Empfindung zusammensetzt und welches ihre Ziele sind, damit wir lernen, auf welche Weise es sich von dem isolierten, autonomen

Selbstinteresse unterscheidet, das sich in dem vergangenen Jahrzehnt der Ich-Bezogenheit einen so schlechten Ruf erworben hatte.

Es gibt viele positive Argumente für ein Interesse an uns selbst. Einmal haben wir das Recht darauf: Es ist nicht nur für uns selbst, sondern auch für unsere Mitmenschen von Vorteil. Wir müssen das als positiv ansehen lernen, was wir abschätzig Ich-Bezogenheit genannt haben, und akzeptieren, daß die Suche nach dem bösen Ich sinnvoll ist. Wir müssen uns gestatten, daß wir für uns wichtig sind, solange es im richtigen Maß und Rahmen bleibt.

Der Zweck dieses Buches ist nicht, die Verwirrung der Menschen darüber, was sie denn nun alles mit ihrem Hirn anstellen können, noch zu vergrößern; es will nicht dem Wunsch nach einem veränderten oder einem gehobeneren Bewußtsein dienen. Dieses Buch will zeigen, wie man ein gutes, tolerantes Interesse am eigenen Selbst entwickelt, indem man sich kennen- und achten lernt.

Nur die Qualität dieses Interesses ist wichtig, aber die meisten Menschen sind auf eine von zwei Richtungen festgelegt: die einen beschäftigen sich übermäßig mit sich selbst, ohne daß sie die geringste Freude daran haben. Sie können ihre Aufmerksamkeit nicht von dem ewig gleichen Geschehen, was in ihnen vorgeht, lösen, sie bespiegeln sich selbst, wiederholen und analysieren immer wieder das gleiche: Wer bin ich? Warum handele ich immer wieder so? Warum habe ich das nun gesagt? Warum bin ich dazu nicht fähig? Was ist denn bloß mit mir verkehrt? Sie geben sich Stimmungen hin, die hoffnungslos, selbsterniedrigend und zerstörerisch sind. Sie schenken sich selbst so viel Aufmerksamkeit und haben doch nie Freude daran. Wenn sie nämlich immer und immer wieder dieselben selbstkritischen Fragen an sich stellen, dann antwortet der innere Quälgeist ja nur zu gern und in grausamer Ausführlichkeit; aber das ist sicher nicht das, was sie hören wollen.

Wenn man nur immer über den eigenen Mängeln, Schwächen und Unvollkommenheiten brütet, wenn man sich immer nur bemüht, aus einem schlechten Gewissen heraus nur noch liebevoller und noch verständnisvoller zu sein, dann ist das schon ein Zeichen dafür, daß das böse Ich übermächtig ist.

Dann gibt es noch die genußsüchtige Version des Interesses an sich selbst. Achte einmal darauf, wie viele der anscheinend egoistischen

Dinge, die Menschen tun, in Wirklichkeit ihnen selbst schaden. Sie gehen jeden Abend aus, essen und trinken zuviel, tanzen die Nacht durch und fühlen sich am nächsten Tag schlecht, unausgeschlafen, haben einen Kater und ein schlechtes Gewissen. Sie verzärteln sich selbst, so meinen sie, indem sie morgens noch zehn Minuten länger im Bett bleiben – und hetzen sich auf dem Weg zur Arbeit ab. Sie verwöhnen sich mit neuer schöner Kleidung – und betrachten verzweifelt die hohen Rechnungen. Sie schlafen jede Nacht mit einem anderen Partner und wundern sich, daß es sie langweilt. So gesehen, erscheint das Leben eines Asketen im Vergleich zu diesen egoistischen Verhalten befriedigender und lustvoller.

Was ist denn nun ein gesundes, vernünftiges Interesse an sich selbst?

Ausgewogenheit ist lebenswichtig; Ausgewogenheit in bezug auf die Quantität, wieviel man sich also um sich selbst und wieviel um andere kümmert, Ausgewogenheit in bezug auf die Qualität: Was will ich eigentlich über mich herausfinden? Es erfordert also die Fähigkeit, die richtige Position in dem breiten Spektrum zu finden, das von übermäßiger Ich-Bezogenheit bis zur Selbstvernachlässigung reicht.

Viele psychologische Untersuchungen auf dem Gebiet des positiven Sozialverhaltens haben gezeigt, daß Wissen von und Bemühen um das Selbst Voraussetzung für das Wissen und Bemühen um andere ist. Menschen, die sich selbst achten, haben auch für andere Respekt. Menschen, die sich selbst gut behandeln, behandeln auch meistens andere gut, sind zumindest eher dazu fähig. Zuviel Selbstkritik und Verzicht schwächt uns letzten Endes und hält uns so gefangen, daß wir keine Energie für andere mehr aufbringen können. Zuviel Selbstbespiegelung macht uns für die Bedürfnisse anderer blind.

Es ist auch wichtig, daß sich das Bemühen um das Selbst auf die richtigen Dinge konzentriert. Zu viele Menschen verschwenden ihre Zeit, indem sie sich negativ mit sich beschäftigen, sich immer wieder fragen, was denn mit ihnen nicht stimmt. Selten öffnen sie ihr Bewußtsein für die positiven Stimmen, zollen sich Anerkennung für das Gute, was sie tun, die intelligenten Gedanken, die sie haben, und dafür, daß sie sich ehrlich und fürsorglich verhalten haben. Das Gleichgewicht zwischen positiven und negativen Stimmen ist nicht vorhanden, sie suchen nicht nach den Verbündeten in sich und nach dem, was sie selbst stärker machen könnte. Manche Menschen richten ihr Bemühen um sich selbst noch auf andere Weise in die verkehrte Richtung: sie tun Dinge, die nach außen sehr selbstbezogen und egoistisch aussehen, aber in Wirklichkeit selbstzerstörerisch sind. Andere wiederum sehen nur sich, sind offenbar so selbstbewußt und unsensibel und voll lauter Aktivität, daß sie sich wie ein Panzer durch das Leben hindurchbewegen, alles niederwalzen, was ihnen im Wege steht, ihre Freunde, ihre Familie und letzten Endes ihr eigenes Selbst. Der furchtlose Draufgänger, der das Unmögliche herausfordert, der Angeber, der seine Freunde mit seinen aufgeblasenen Reden vor den Kopf stößt, und der vom Erfolg besessene Geschäftsmann tragen genauso das böse Ich in sich, sie wissen es nur nicht.

Ein anderer Irrtum, dem viele auf dem Weg zur Selbsterkenntnis zum Opfer fallen, ist die Unfähigkeit zu akzeptieren, daß Denkprozesse vielfältig sind, daß sie sich überschneiden oder viele verschiedene Seiten zeigen können. Sie können sich nicht damit abfinden, daß ihre Wünsche, Behauptungen, Handlungen und Träume einander häufig widersprechen. Sie versuchen, sich auf etwas festzulegen. Sie wollen Tatsachen über sich selbst finden, sie hassen Widersprüche. Es ist ihnen lieber, daß sie sich nach einem festgelegten Schema verhalten, daß sie sagen können: ich bin eben geizig oder eifersüchtig oder ordentlich oder unbeherrscht. Es ist verständlich, warum man sich so nach Einfachheit und Eindeutigkeit sehnt. Die menschlichen Denkabläufe wirken in ihrer scheinbaren Widersprüchlichkeit unnatürlich und verwirrend. Der Mensch wird nervös und unruhig, wenn er merkt, auf welche unerwartete Weise sein Hirn funktioniert; es scheint ihm unnormal, sogar verrückt. Er ist sicher, daß er als einziger diese merkwürdigen, ja irren Gedanken in sich hat. Es gibt sicher niemanden sonst, der so voller Ängste steckt, solche verrückten, unvernünftigen und zerstörerischen Dinge tut. Um also diesem inneren Chaos zu entfliehen, um den Seelenfrieden zurückzugewinnen, teilt er sein Verhalten in überschaubare Kategorien ein; das Leben wird einfacher, weniger Entscheidungen müssen getroffen werden. Man bleibt da, wo man ist, wo man sich auskennt. Man vereinfacht das eigene Verhalten lieber auf eine gefährliche weil nicht ehrliche Art und Weise, nur damit man nicht jede neue Reaktion und Handlung genau untersuchen muß. Man bezeichnet sich lieber ein für allemal als «eifersüchtig», als daß man sich über die vielen verschiedenen Schattierungen und Zusammenhänge seiner Eifersuchtsgefühle klar würde und sie in jeder neuen Situation wieder beleuchten und beurteilen müßte. Der Preis für die angebliche Bequemlichkeit dieses Verhaltens ist, daß die einmal festgelegten Kategorien zum Richter werden. Schließlich unterwerfen die Menschen sich deren Urteil und werden noch nervöser, wenn ein neuer Gedanke oder eine neue Situation die Richtigkeit dieses Urteils in Frage stellt.

«Unbeirrbare Zielstrebigkeit» ist Unsinn und nicht das höchste Ziel für die geistige Gesundheit. Wenn man versucht, jeden Gedanken, jedes Gefühl in ein bewußtes, festgelegtes Schema zu pressen, um damit einfache Antworten und so den ersehnten Seelenfrieden zu finden, dann verrät man seine wahre Natur. Das komplizierte Durcheinander verschiedenartiger Gedanken und Stimmen in uns, was so merkwürdig und verwirrend zu sein scheint, ist das Normale, ist die Art und Weise, wie der Mensch nun einmal denkt.

Es ist ganz sicher nervenzermürbend, wenn so viel Verschiedenes auf uns einstürmt, und es wäre weitaus einfacher, wenn alle Botschaften laut und deutlich von einer Zentralstelle aus zu uns kämen. Aber der Mensch verschlimmert das Ganze noch, wenn er versucht, alles in ein Schema hineinzupressen, weil er sich dann verrückt oder neurotisch vorkommt, wenn dieser Versuch nicht gelingt.

Wenn Menschen es lernen, auf ihre vielen Stimmen zu hören, die dann nicht mehr geheimnisvoll und furchterregend sind, dann können diese Stimmen faszinierend sein. Die Vielseitigkeit, Veränderlichkeit, Mehrdeutigkeit und der Spielraum ihrer Denkmöglichkeiten läßt den Menschen seinen Reichtum und seine Vitalität erkennen. Er hört auf, sich selbst verrückt zu machen und das zu versuchen, was weder in seinen Möglichkeiten liegt noch überhaupt erstrebenswert ist. Wenn er nur erst einmal mit dem Versuch aufhört, sich unbedingt in den Griff bekommen zu wollen, wenn er ein gewisses Maß an Unsicherheit und Verletzlichkeit als gegeben akzeptiert, dann wird er feststellen, daß alles auf eine sehr menschliche Weise zusammenpaßt. Diese Erkenntnis an sich bringt schon große Erleichterung.

Kürzlich durchgeführte Untersuchungen auf dem Gebiet der kognitiven Theorie, Untersuchungen über die linke und rechte Hirnhälfte und selbst auf dem Gebiet der Quantenphysik haben uns gezeigt, daß Komplexität normal ist, daß positiv und negativ gleichzeitig bestehen kann. Zwei verschiedene Dinge können zugleich vorhanden sein.

Eine andere große Hürde auf dem Weg zur Selbsterkenntnis und -akzeptanz ist die Macht bestimmter Erwartungen unserer Gesellschaft über uns. Es ist sehr schwer, man selbst zu sein, wenn dauernd ein offener oder versteckter Druck ausgeübt wird, so zu leben, wie es die gesellschaftlichen und wirtschaftlichen Klischees von dir verlangen. Vorgezeichnete Bilder gibt es überall in diesem Land. Wohin man sich auch wendet, überall wird man mit Botschaften vollgestopft, durch Fernsehen, Radio, Film, durch Zeitschriften, Zeitungen und Werbeplakate. Dieselben Botschaften hören wir von Eltern und Lehrern, von der Kirche und in der Nachbarschaft. Egal, ob der Mensch meint, er sei für Propaganda anfällig oder nicht, er wird beeinflußt. Es ist sehr schwer, Widerstand zu leisten, wenn dir von allen Seiten gesagt wird, was «allgemein» akzeptabel ist, was andere mögen und attraktiv finden, was Erfog haben wird. In unserer Gesellschaft ist es außerordentlich wichtig, etwas Besonderes zu sein, und unter diesem Druck kommen sich viele Menschen ungenügend vor. Sie halten sich für Versager, wenn sie nicht auch so schön, talentiert, intelligent oder reich sind wie die Vorbilder, denen sie angeblich nacheifern müssen, wenn sie ein glückliches Leben führen wollen. Menschen haben große Schwierigkeiten, sich so zu akzeptieren, wie sie selbst sind – mit ihren individuellen Eigenschaften, ihren eigenen Leistungen und Schwächen.

Nur allzuleicht ertappt man sich dabei, daß man sich nach einem gewissen Bild zurechtmacht, daß man sich der Umwelt nur so präsentiert, wie sie es akzeptieren und bewundern kann. Diese Art von Anpassen an das Vorbild ist aber nicht nur gefährlich, sondern auch selbstzerstörerisch, denn wir entfernen uns dabei immer weiter von unserem eigentlichen Selbst. Wir geben unser wahres Ich auf, werden dafür angeblich mit Sicherheit und Geborgenheit belohnt und entfliehen unseren Ängsten. Der Preis für diese Anpassung ist allerdings hoch; wenn wir uns nämlich weit genug von unserem eigentlichen Selbst entfernt haben, wenn wir zuviel aufgeben, wenn wir anfangen, die Eigenschaften zu verachten, die unsere Person ausmachen, dann verlieren wir uns selbst vollständig. Dann haben wir kein Zuhause mehr in uns selbst, dann sitzt da nur das böse Ich, das dauernd nach äußerer Sicherheit und Anerkennung sucht. Das Anpassen an ein vorgeschriebenes Bild ist vielleicht dann am gefährlichsten, wenn man anfangs damit Erfolg hat. Erfolgreiche Anpassung an die Vorstellungen, die die Eltern und die

Gesellschaft von uns haben, können tückisch sein. Es gibt viele Menschen, die offenbar alles erreicht haben. Sie haben Karriere gemacht, haben Familie und Freunde, finden Anerkennung und scheinen genau das zu verkörpern, was man sich unter dem guten Leben vorstellt. Diese Menschen kommen dann plötzlich in psychologische Behandlung und suchen Hilfe: Sie können nicht verstehen, warum sie so depressiv sind, warum sie sich wie Betrüger vorkommen, warum sie unzufrieden sind. Die Ursache liegt häufig darin, daß ein solcher Mensch auf einem Gebiet erfolgreich ist, was ihm eigentlich wenig bedeutet, daß er ein Leben lebt, daß irgendwie nicht zu ihm paßt. Manchmal kann er sich nicht mehr daran erinnern, was er eigentlich einmal gewollt hatte, wer er einmal war. Er hat sich selbst verraten für das Gefühl des Gemocht-Werdens und der Sicherheit, das äußere Anerkennung vermittelt. Viele Jahre lang hat Dr. Bach mit Patienten in Hollywood gearbeitet und festgestellt, daß, je mehr eine Person in der Öffentlichkeit bekannt und verehrt wird, der Abstand zwischen der öffentlichen Persönlichkeit und dem privaten Selbst desto größer und das böse Ich um so aktiver und mächtiger ist. Das gilt im besonderen Maß für die Menschen, von denen die Öffentlichkeit ein ganz bestimmtes Bild hat. Jeder einzelne von Dr. Bachs berühmten Patienten dachte zu irgendeinem Zeitpunkt während seiner Karriere an Selbstmord, nämlich immer dann, wenn die Selbstzweifel, wenn das Gefühl, ein Betrüger zu sein, der Öffentlichkeit etwas vorzumachen, überhand nahmen. Um ein gesundes Verhältnis zum Selbst zu bekommen, ist es absolut nötig, Zugang zu den inneren Gesprächen zu haben. Wenn wir nämlich wirklich erfolgreich sein wollen, das heißt, wenn wir mit uns selbst ehrlich umgehen und vorankommen wollen in unserer Entwicklung, dann müssen wir lernen, mit unserem bösen Ich, das nur auf Sicherheit aus ist und künstlich aufgestellte Vorbilder anbetet, richtig umzugehen.

«Ich bin wirklich eine Frau, die Glück gehabt hat. Vor zwei Jahren lebte ich mit meinem Mann und drei Söhnen in einem typischen Vorort für Familien der gehobenen Mittelschicht. Ich bildete mir ein, daß ich alles hatte, was ich nur wollte: ein schönes Haus, Autos, die richtigen Kleider. In den Schulen der Kinder und in der Nachbarschaft war ich sehr aktiv. Für jeden war ich die vollkommene Frau und Mutter. Ich hatte was zu sagen im Ort, ich gewann Preise für einige der von mir erdachten Veranstaltungen. Meinen Kindern ging es blendend; mein Mann arbeitete wie immer zuviel, aber er war dabei liebevoll und nett. Aber ich war unglücklich, immer ein bißchen deprimiert. Ich war nie so richtig zufrieden. Und deshalb wurde ich nur noch deprimierter und hatte ein schlechtes Gewissen, weil ich nicht wußte, warum das so war. Ich begab mich schließlich in psychologische Behandlung, und es stellte sich relativ schnell heraus, daß das schöne Leben, das ich führte, eigentlich gar nicht mein Leben war. Das war ein echter Schock für mich. Ich war immer so beschäftigt gewesen, daß ich nie die Zeit gehabt hatte, darüber nachzudenken, wie viele Interessen und Talente ich vergessen oder aufgegeben hatte. Allein zu wissen, wodurch die Depression entstanden war, war eine enorme Erleichterung für mich. Erst allmählich gibt es Veränderungen, denn die Richtung, die bisher für mich ausschlaggebend war, war eine so andere. Zum Beispiel aber habe ich jetzt nahezu alle Arbeit in Ausschüssen aufgegeben und nehme nur noch an ein paar Sachen teil, die meine Söhne direkt angehen. Ich kümmere mich jetzt intensiv um meine Studien und Untersuchungen über die amerikanische Volkskunst. Ich gehe in Ausstellungen und Museen, ziehe durchs Land auf der Suche nach einheimischen Künstlern. Ich verschwende nicht mehr viele Stunden im Klub. Mein Mann hat mich bei allem sehr unterstützt. Und er wurde auch von mir angeregt. Er beginnt auch in seinem Leben Veränderungen in die Richtung zu machen, die ihm wichtig ist.»

Ein gesundes Bemühen um das Selbst muß geprägt sein von dem Wunsch, sich selbst kennenlernen zu wollen und sich selbst fair gegenüber zu sein. Wir müssen der Versuchung widerstehen, an einem bestimmten Bild von uns festzuhalten, und müssen akzeptieren, wer wir wirklich sind. Letzten Endes müssen wir in uns selbst zur Ruhe kommen; ohne innere Zufriedenheit können wir wahrhaftig sehr einsam sein. Wenn wir auch von Familie und Freunden umgeben sind, so brauchen wir unsere «inneren» Verbündeten, um der Terrorisierung durch das böse Ich entgegenzuwirken. Wir müssen uns selbst im Inneren akzeptieren lernen, denn egal, wie sehr unsere Umgebung uns oder das Bild, was wir ihr von uns zeigen, bewundert, das eigene Urteil über den eigenen Wert wird immer wichtiger sein. Wenn es uns unter dem Druck von außen auch schwerfällt, die Position zu finden, die uns eigentlich entspricht, so müssen wir den Mut finden, unseren inneren Stimmen zuzuhören und unseren eigenen Bedürfnissen gemäß zu handeln.

4. Woher kommt das böse Ich?

Viel ist in der psychiatrischen Forschung über das Ich geschrieben worden und auch, daß es in der Natur des Menschen liegt, sich häufig selbst zu bekämpfen. Solange es Psychologen, Psychiater und Soziologen gibt, gibt es auch Untersuchungen über dieses Phänomen, denn das böse Ich ist der größte Feind der geistigen Gesundheit. Auch viele Patienten, die sich gerade einer Psychoanalyse oder einer psychiatrischen Behandlung unterziehen, haben sich hauptsächlich damit beschäftigt, warum sie sich selbst immer wieder so schlecht machen, was in ihrer Herkunft oder in ihrem Charakter dafür verantwortlich ist, daß sie solche Gefühle der Angst und des Unglücklichseins ertragen müssen.

Bis zu einem gewissen Maß ist es sicher gut, wenn man sich bemüht, die Gründe für das eigene Verhalten zu verstehen, herauszufinden, welche Faktoren eine Rolle gespielt haben, denn häufig genügt es, nur die Ursache für das derzeitige Problem zu erkennen; schon spürt man Erleichterung und kann sich vielleicht sogar ändern. Es kann aber auch sein, daß man zuviel Zeit damit verbringt, immer tiefer und tiefer in sich hineinzutauchen, um endlich den Grund für das selbst-einschränkende Verhalten zu finden, ohne daß ein konstruktiver Versuch gemacht wird, die Gegenwart zu verändern. Alles mit den traumatischen Erfahrungen aus der Kindheit zu erklären, kann dem Erwachsenen statt Erleichterung das Gegenteil bescheren. Das erneute Durchleben all dieser traumatischen Vorgänge kann leicht ein Teil des selbstzerstörerischen Mechanismus' werden, durch den wir den Einfluß des bösen Ichs verschlimmern und verlängern. In dem bedrückenden Material, das wir ihm zuführen, kann es sich noch besser verschanzen und energischer auftreten. Durch das dauernde Beschäftigen mit dem Warum vermeiden wir außerdem zu handeln. Der Patient eines unfähigen Therapeuten wird sich weiterhin ängstlich an die Couch klammern, wenn er nur immer wieder daran erinnert wird, daß sein jetziges böses Ich aus der Kindheit stammt, wenn er immer wieder nur dort nach deprimierenden Erfahrungen sucht. Viele Menschen haben Hemmungen oder sogar Angst davor, die Geheimnisse ihres Wesens zu erforschen. Diese Furcht wird noch durch die Ausdrucksweise der Psychologen geschürt und durch die autoritäre Atmosphäre, die die Psychiatrie ganz allgemein umgibt. Es ist interessant, daß Bezeichnungen wie id, ego,

Kathexis und Parapraxis nicht von Freud geprägt wurden, sondern daß diese entfremdenden Ausdrücke aus dem Griechischen und Lateinischen erst in der amerikanischen Übersetzung von Freuds Arbeiten auftauchten. Bruno Bettelheim hat gezeigt, daß Freud sich besonders darum bemühte, ohne Mystifizierung, ohne Fachausdrücke und sehr persönlich zu schreiben, so daß selbst Laien seine Untersuchungen verstehen und sich mit ihnen identifizieren können. Freud war auch nicht der Meinung, daß man erst Arzt sein müsse, um als Psychiater zu arbeiten, noch daß Ausbildung und Ausübung sich nach so strengen Vorschriften richten müsse. Dieses Kapitel berührt kurz einige Theorien (des Verfassers und anderer) und Erklärungen, wodurch das böse Ich überhaupt existiert und eine solche Macht hat. Aber es kommt ein Punkt, da ist es weniger wichtig zu verstehen, warum wir dieses böse Ich haben und wo es herkommt, als sich dieses Ungetüm genau anzusehen, von seinem Podest herunterzunehmen und zu überlegen, was es für unser ganz persönliches Leben bedeuten könnte.

Jeder Mensch hat irgendeine Manifestation dieses Feindes in sich, niemand kann ihm ganz entkommen. Das böse Ich ist ein Teil unseres Menschseins, Teil unseres psychischen Erbes. Wir werden alle als kleine, hilflose, unvollkommene Wesen in diese riesige, nicht zu bändigende Welt hinein geboren, sind unschuldig und unwissend in der Wildnis, die uns umgibt. Wir bewältigen diese erschreckende Situation, indem wir das Urteil akzeptieren, das die kalte, grausame Welt über uns gefällt hat, indem auch wir daran glauben, daß wir schwach, abhängig und fügsam sind, nur damit diese mächtigen Kräfte beschwichtigt werden. Das böse Ich ist die Art und Weise wie die Natur, besser: die menschliche Natur, mit dieser Situation fertig wird.

Das böse Ich ist erdverbunden. Es appelliert an unsere Urinstinkte. Es ist nur an Essen, Schlafen und Befriedigung des Sexualtriebes interessiert und kann mit dem komplizierten anderen Leben, um das wir uns bemühen, nichts anfangen. Ebensowenig mag es den Abstand, den wir zwischen unsere Urgefühle und Urbedürfnisse und eben dieses Leben zu bringen scheinen. Auf eine Weise ist das böse Ich ein soziogenetischer Überwacher evolutionärer Tendenzen. Dadurch, daß die Welt sich immer schneller verändert und dabei ihren menschlichen Maßstab verliert, dadurch, daß wir uns immer mehr von unserem inneren Selbst entfernen, bekommt das böse Ich eine Bremsfunktion in der zu schnellen evolutionären Entwicklung. Es erinnert uns an unseren Ursprung. «Was glaubst du denn, wer du bist?» fragt es. «Im Grunde willst du doch nichts anderes als saufen, fressen und bumsen. Mach langsam, denke dran und entferne dich nicht von deinem Ich.» Es ist die Stimme, die uns mahnt, daß wir uns unvorbereitet und allein nicht zu weit wegbewegen sollen. Das Ich ist wie ein Atavismus, ein Rückfall in die Vorzeit, wie ein rudimentärer Schwanz, ein Merkmal, das wir nicht länger brauchen, da wir die Elemente gezähmt haben und nicht mehr Feuer, Donner und wilden Tieren ausgeliefert sind. Aber, obgleich sich das böse Ich häufig wie ein Tyrann benimmt und sich unserer Entwicklung entgegenstellt, so hat es doch auch positive Seiten, wenn es uns zum Beispiel daran erinnert, daß wir uns von dem Drum und Dran der Zivilisation nichts vormachen lassen sollen, daß wir uns von unseren dreiteiligen Anzügen und bunten Fernsehbildern nicht zu sehr beeindrucken lassen sollen. Es sieht uns immer nackt, und manchmal sollten wir das auch tun.

Das böse Ich hat eine notwendige, wenn auch falsch gepolte Funktion als Kanal für Furcht-, Wut- und Schuldgefühle, die oberflächlich gesehen nicht bedrohlich zu sein scheinen, letzten Endes aber selbstvernichtend und hinderlich sind. Es ist raffiniert und komplex und ein Produkt unserer verdrehten Denkweise. Sein Modus operandi ist folgender: Wenn wir uns selbst schlechtmachen, dann kommen wir anderen zuvor, denn wir verletzen uns selbst, bevor andere uns verletzen können. Wir werden so auch die Angst los, daß wir unsere Aggressionen gegen andere richten und damit auch ihre Liebe und gute Meinung von uns verwirken könnten. Indem wir uns gegen uns selbst wenden, können wir unser schlechtes Gewissen erleichtern, das wir wegen unserer Wunschträume und Erfolge haben. Wir vermindern so unsere Schuldgefühle darüber, daß wir wütend sind, weil man uns nicht nur um unserer selbst willen liebt. Wir tun Buße, weil wir gegen den Willen unserer Eltern gehandelt haben, weil wir nicht die sind, die sie sich erhofft und gewünscht hatten, und auch, weil wir vielleicht das erreicht haben, was man uns nie zugetraut hätte. Indem wir unser Ziel nicht erreichen, beweisen wir, wovor wir uns eigentlich immer gefürchtet haben, nämlich, *daß sie recht hatten.* Indem wir so handeln, finden wir kurzfristig Trost und Erleichterung. Wir nehmen uns zusammen, damit wir die Menschen, die uns wichtig sind oder die Götter oder die

Gesellschaft im allgemeinen nicht verärgern oder bedrohen. Indem wir uns selbst bestrafen, vermeiden wir, daß wir möglicherweise von außen bestraft werden. So vermindern wir die Wahrscheinlichkeit, daß irgend etwas Schreckliches passieren kann, daß wir todkrank werden, vom Blitz getroffen werden oder einen geliebten Menschen verlieren.

Jeder hat in sich diesen Feind, aber bei jedem nimmt er eine andere Gestalt an. Bei manchen Menschen ist er mächtiger als bei anderen, und die Bereiche, in denen sich der Feind im Leben eines Menschen besonders breitmacht, sehen bei jedem anders aus. Einer hat zum Beispiel niemals Zweifel, daß er von Freunden und Familie geschätzt und geliebt wird, aber er macht sich mit seiner dauernden Angst um seine Gesundheit verrückt. Jeder kleine Kopfschmerz, jeder Pickel kann zum Todesboten werden. Ein anderer dagegen traut der Zuneigung seiner Frau nie so ganz, hat aber keinerlei Zweifel, was seine Fähigkeiten im Beruf angeht oder daß er bestimmt hundert Jahre alt werden wird. Dann wieder hat einer ein böses Ich, das ihn dauernd wegen seines Gewichts und seiner unreinen Haut fertigmacht; er ist aber ganz selbstbewußt, wenn er Tennis spielen geht. Und jemand anderes scheint jedesmal dann Grippe, Kopfschmerzen oder Ischias zu bekommen, wenn er gerade ein Projekt erfolgreich abgeschlossen hat.

Tatsache ist, daß wir zwar vielleicht alle unschuldig in eine rauhe Welt hineingeboren wurden und einen Feind in uns tragen, der nur zu gern unsere schwache Position ausnutzt; ob er sich aber richtig in uns festsetzen kann und in welchem Bereich unseres Lebens und in welchem Maß er uns beeinflussen kann, hängt davon ab, was als nächstes passiert. Mit dem Älterwerden und unserer Entwicklung verändert sich nämlich auch unser böses Ich, seine Macht wächst oder nimmt ab, verschiebt sich auf andere Einflußgebiete, je nachdem, wie sich unser Bewußtsein der eigenen Macht und des eigenen Einflusses entwickelt. Wenn einem Kind das Gefühl gegeben wird, daß es so, wie es ist, schon richtig ist, daß seine individuellen Eigenschaften akzeptiert werden, daß seine Worte und Handlungen berücksichtigt werden, dann wird sein böses Ich nie besonders stark werden. Unglücklicherweise ist das selten der Fall. Selbst die Eltern, die nur das Beste für ihr Kind wollen, können manchmal die Eigenständigkeit ihrer Kinder nicht anerkennen, sondern wollen, daß das passiert, was ihrer Meinung nach *das Richtige* für das Kind ist. Gesellschaftliche Normen bestimmen, was sie für ihre Kinder erhoffen: sie möchten sie glücklich sehen, möchten, daß sie das Beste haben, daß sie nicht abseits stehen. Sie selbst hat man genauso behandelt. Und sie erinnern sich nicht an ihre eigenen Träume, sie haben vergessen, wer sie einst waren und was sie einst wollten. Dieser Kreislauf wiederholt sich bei ihren Kindern; sie wollen, daß sie sich anpassen, daß sie in einem Leben erfolgreich sind, was sich nach Meinung der Eltern lohnt. Ihre Vorstellungen davon, wie man Erfüllung finden kann, werden an die Kinder weitergegeben, denn etwas anderes kennen sie nicht. Sie loben das Verkehrte, nämlich Anpassung, und strafen oder verspotten Abweichungen von der Norm. Das Traurige dabei ist, daß sie das eigentlich gar nicht wollen. Das Kind lernt häufig auf indirekte, unterschwellige Weise, wie es sich ändern muß, um geliebt und anerkannt zu werden. Man lobt es, wenn es das tut, was von ihm *erwartet* wird, und es wird getadelt, wenn es an Dingen Freude hat, die seine Eltern falsch oder unproduktiv finden. Man läßt ihm selten eine Wahl, selbst auf harmlosen Gebieten wie Essen und Kleidung oder welche Bücher es lesen möchte. Es wird ausgeschimpft, wenn es eine Meinung äußert, die die Eltern nicht akzeptieren können oder wenn es Erklärungen für Handlungen verlangt, die der elterlichen Willkür entsprungen zu sein scheinen.

Anna Freud spricht davon, wie sich das Kind die Einstellungen der kritischen Eltern zu Herzen nimmt und zu seinen eigenen macht. Die Vorstellung, die ein Kind von sich selbst, von seinen eigenen Wünschen und von seinen Eigenschaften hat, kann gegen die stärkeren Eltern (oder Lehrer oder seine Umgebung) nicht bestehen bleiben. Das Kind weiß, daß Menschen wie seine Eltern die Macht haben, ihm zu helfen oder es zu zerstören, und es muß annehmen, daß sie weiser sind als es selbst. Es fängt an zu glauben, daß seine Eltern in ihren Ratschlägen, in ihrem Urteil immer recht haben. Es ist in einer aussichtlosen Situation und lernt bald, daß es sinnlos, ja falsch ist, gegen den Strom zu schwimmen. Und sein eigenes Denken wird dieser neuen Theorie angepaßt: «Vater meint, es ist merkwürdig, daß ich am Sport keinen Spaß habe. Und Vater liebt mich. Und er ist erwachsen, also muß seine Einstellung richtig sein.» Das Kind meint, «er wird schon recht haben», nur damit es weiter die Illusion behält, geliebt zu werden, nur damit es nicht mit seiner Wut darüber, nicht als eigenständige Persönlichkeit angesehen zu werden, fertig werden muß. Den Kampf um ein wahres Bild und gerechte Behandlung seiner Person kann es nicht gewinnen; so macht es die Haltung des Vaters zu seiner eigenen, damit es mit sich und seinem Vater in Frieden leben kann. So passiert es, daß es sich mit seinem Urteil gegen sich selbst wendet: «Da muß etwas mit mir verkehrt sein.» Schließlich wird diese kritische Stimme nach innen transportiert und wird selbständig, und das Urteil seines Vaters wird zu seinem eigenen: «Da ist etwas mit mir verkehrt.» Die Introjektion, das Zueigenmachen der Denkweisen anderer, wird spezifische Eigenschaften entwickeln, die davon abhängen, wie und in welchem Maß die Individualität abgelehnt und Liebe entzogen wurde. «Es ist verkehrt, wenn ich wütend werde.» «Es ist falsch, wenn ich am Fußball keinen Spaß habe.» «Mit mir stimmt etwas nicht, weil ich nicht hübsch bin». Diese Urteilsübertragung auf das Selbst scheint der einzige Weg zu sein, mit der Situation fertig zu werden, die einzige Möglichkeit, um die Vorstellung davon zu behalten, daß man geliebt wird. Zu schwach, um zurückzuschlagen, mit schlechtem Gewissen, weil es es eigentlich möchte, weiß das Kind nur einen Weg, und richtet seine Aggressionen gegen sich selbst.

Dr. Alice Miller drückt das etwas anders aus. Sie behauptet, daß Kinder und da besonders die begabten oder sensiblen, ihre wahren Bedürfnisse und Gefühle ausschalten, damit sie so sind, wie ihre Eltern es wollen und die elterliche Liebe ihnen erhalten bleibt, die sie sonst zu verlieren glauben. Sie müssen außerdem dabei die Illusion heraufbeschwören und daran glauben, daß ihre Eltern brav waren und eine glückliche Kindheit hatten. Das gelingt ihnen so gut, daß sie dieses Märchen ihr Leben lang mit sich herumtragen und so ihre wahre Natur und die Gefühle über das, was sie aufgegeben haben, unterdrücken. Sie können dann nicht verstehen, warum sie einsam und deprimiert sind, warum sie Wut und Entfremdung empfinden. Nach außen sind sie häufig erfolgreiche Erwachsene, sie haben ihre Gefühlsäußerungen immer im Griff, aber ihre wahren Empfindungen sind ihnen ein Rätsel. Sie kennen ihr eigenes Ich nicht oder können sich nicht daran erinnern, weil man ihnen als Kinder nie erlaubte, ihre echten Gefühle zu zeigen und ihre persönlichen Eigentümlichkeiten und Vorlieben zu untersuchen. Das Verhältnis zu den Eltern würde sonst in Frage gestellt. Die Phantasievorstellung der glücklichen Kindheit mußte weiterhin aufrechterhalten und die wahren Gefühle weiter unterdrückt werden:

Es wäre zu schmerzhaft, würde zu viele Wutgefühle wachrufen, wenn man einsehen müßte, daß man sein Selbst verloren hätte und daß die Eltern einen nicht um des eigenen Selbst willen liebten. Die Folge ist, daß das Kind und später der Erwachsene auch das, was seine Eltern bei ihm bemängeln, ablehnt und bekämpft.

Die Macht, die das böse Ich über einen Menschen hat, hängt also zuerst davon ab, wie sehr die Menschen um ihn herum, besonders die Eltern, die wahre Persönlichkeit des Kindes bemängelten oder es sogar ablehnten, das Kind, so wie es war zu akzeptieren und zweitens, wie lange und wie kampflos das Kind diese Meinung hingenommen hat.

Angst davor, Zuneigung zu verlieren, ist die Macht, die das böse Ich etabliert. Theoretisch gilt also: Je kritischer und ablehnender die Eltern sind, desto stärker ist die Introjektion, das böse Ich. Es gibt dabei allerdings einen Widerspruch. Es stimmt nämlich auch, daß ein Kind mit besonders schwierigen und negativen Eltern die Situation früher erfaßt und damit früher gegen die Tyrannei der elterlichen Einstellung rebelliert, als ein Kind sogenannter «guter» Eltern, denen man dennoch den Vorwurf machen muß, daß sie nicht die wahre Natur ihres Kindes erkennen. Anscheinend lieben die Eltern es doch – und das Kind «guter» Eltern hat es weitaus schwerer zu erkennen, was denn an der Situation nicht stimmt, und es macht sich Vorwürfe, weil es feindselige Gefühle verspürt.

Wenn ein Kind in seiner Meinung von der seiner Eltern abweichen kann, wenn es sagen kann: «Nein, das entspricht mir nicht.» Oder: «Nein, ich sehe das anders.» dann stellt es sich seinem bösen Ich entgegen und nimmt ihm von seiner Macht. Der Jugendliche macht die Introjektion langsam rückgängig, indem er sich von seinen Eltern absetzt, sich nicht mehr an die Abmachung hält, ihre Meinung zu teilen und stark genug ist, sich nicht um jeden Preis nach ihren Wünschen zu richten.

Dr. Bach fragt generell seine Patienten, wann sie ihrer Erinnerung nach das erste Mal gesagt haben: «Nein, sie haben Unrecht.» Oder: «Sie verstehen mich nicht.» Oder «Ich glaube, ich darf ruhig so sein». Erst wenn sich das Kind seine eigene Meinung über sich gebildet hat, kann es Verständnis für das Nicht-Verstehen der Eltern aufbringen. Vorher kann es die Eltern nur hassen, die es nicht lieben, beziehungsweise, die nur das Bild lieben, was sie sich von dem Kind gemacht haben und nicht das Kind selbst. Und dieser Haß wird dann aus Schuldgefühlen und Machtlosigkeit gegen sich selbst gerichtet.

Solange sich das böse Ich auf ausgetretenen, gut bekannten Pfaden befindet, können wir den Deckel auf unserem Unterbewußtsein halten. Dann müssen wir das Paket, das wir mit uns herumschleppen und vor dessen Inhalt wir uns fürchten, nicht öffnen. Wir müssen uns der Gefahr nicht stellen, daß uns die Erkenntnis vernichtet, daß das Selbst, das wir immer unser eigen genannt haben, eigentlich gar nicht unser Selbst ist. Wir brauchen nicht festzustellen, daß es in uns aufrührerische Stimmen gibt, die uns peinigen könnten, wenn sie losgelassen würden. Die Veränderung, die die Konfrontation mit dem bösen Ich mit sich brächte, ist furchterregend, weil soviel auf dem Spiel steht. Es ist deshalb verständlich, daß uns unser Versagen beruhigt und wir uns durch Erfolge bedroht fühlen. Eine eigene Niederlage tröstet.

Wir bekommen eine neue Einstellung zur Ungewißheit, wenn wir lernen, wie das böse Ich funktioniert, wenn wir akzeptieren, daß es in einem gewissen Maß nur ein Teil der menschlichen Natur ist. Wir beschimpfen uns selbst wegen dummer Ängste, Zweifel und zeitweisem Verzagen an uns selbst. Wir machen uns dauernd Sorgen darum, daß wir uns doch nicht soviel Sorgen machen sollen. Wenn man den Quälgeist so betrachtet, so scheint er nicht so unnormal zu sein, kein neurotischer oder in der Phantasie vorhandener Teufel. Statt dessen ist es ein normaler, wirklicher Mechanismus, der uns erlaubt, mit uns selbst zurechtzukommen, im Angesicht von widersprechenden Meinungen, fremden Kräften, unglücklicher Liebe und Gefühlen von unbestimmter Feindseligkeit. Die Leistung, wieweit sich ein Kind schon zum Erwachsenen entwickelt hat, kann man daran messen, wie sehr sich jemand vom Einfluß des bösen Ichs frei gemacht hat. Der Quälgeist zusammen mit regressiven Einflüssen tut sein Bestes, damit dieses Freimachen möglichst langsam abläuft. Wenn wir uns dem bösen Ich stellen, dann konfrontieren wir uns mit den Kräften, die uns von unserem wahren Selbst entfremden. Aus Wut, enttäuschter Liebe und den Schuldgefühlen darüber, daß wir Erfüllung für das Selbst suchen, wächst dann die Energie, die diese Erfüllung möglich macht.

5. Möglichkeiten der Veränderung

Wie kann man also das böse Ich bekämpfen? Man kann es nicht einfach ignorieren, denn es ist nun einmal da, und es wird nur aktiver und lauter, wenn man versucht, es zu übersehen. Auch der Versuch, ihm zu entkommen, bringt Probleme, man denke dabei nur an Alkoholiker, Drogenabhängige oder selbst an Menschen, die die ganze Nacht im ohrenbetäubenden Lärm einer Diskothek verbringen oder sich so in ihre Arbeit verlieren, daß sonst nichts für sie existiert.

Wenn es auch nicht möglich oder nicht einmal wünschenswert ist, das böse Ich ganz zum Verstummen zu bringen, so können wir es doch bändigen, können ihm zeigen, daß wir von seinem angeberischen Gehabe nicht beeindruckt sind. Indem wir zugeben, daß das böse Ich vorhanden ist, indem wir es uns vielleicht sogar zum Freund machen, können wir den Spieß umdrehen und mehr Kontrolle über unsere inneren Stimmen gewinnen. Bei dem erfolgreichen Verhandeln mit dem Quälgeist findet ein dauernder Kampf einander widersprechender Kräfte statt: Erfolg und Mißerfolg. Selbstverwirklichung und Unterdrükkung des Selbst, Lebensbejahung und Lebensverneinung, konstruktive und destruktive Aggression, Horizonterweiterung oder -verengung. Wir müssen dauernd auf der Hut sein, wenn wir uns vorwärts entwickeln wollen, denn unser Quälgeist ist ein Opportunist und wird sich in jede Lücke pressen, die er sieht, wird jeden Zweifel, jede Unentschlossenheit ausnützen.

Das macht das Aufspüren des bösen Ichs so schwierig; es wird dann besonders ärgerlich, wenn wir uns behaupten. Es hat Angst vor unserem Erfolg und wird alles tun, was in seiner Macht steht, um ihn aufzuhalten. Gerade dann, wenn wir vorankommen, wenn wir lernen und uns weiterentwickeln, wird der Quälgeist besonders aktiv. Wir müssen dann sehr auf ihn achten, wenn wir anfangen, uns zu respektieren. Das böse Ich reagiert auf unseren Änderungsversuch manchmal so bedrohlich, daß wir am liebsten den Plan aufgeben würden. In so einem Fall hilft es, daran zu denken, daß der Quälgeist in vieler Beziehung nichts anderes ist als ein schwieriges, verwöhntes Balg und daß er unter anderem deshalb so mächtig ist, weil er uns davon überzeugt hat, er würde uns vernichten, wenn wir nur etwas vom Weg abgehen. Genau wie der Klassentyrann blufft das böse Ich viel, und es wird Zeit, daß wir uns das nicht mehr gefallen lassen. Es, und nicht Zeitmangel, Geldnot oder Feinde von außen, stellt das wichtigste Hindernis dar zwischen dem Leben, das wir führen und dem Leben, das wir führen wollen. Wenn der Quälgeist versteckt bleibt, kann er uns wirklich große Furcht einjagen. Ihn zu entdecken, in seinem Verhalten zu entlarven ist besonders wichtig, denn je besser wir das böse Ich kennen und verstehen, desto mehr verliert es an Schrecken und Geheimnis und desto besser können wir Strategien für den Umgang mit ihm entwikkeln. «Hier ist es ja wieder», können wir dann sagen, «den Trick kenne ich schon.» Wir sind gewarnt und können uns auf den Angriff vorbereiten. Wir können unsere Verbündeten zu unserer Verteidigung rufen. Nur wenn wir es ignorieren, oder wenn wir es abtun, dann wird das böse Ich Amok laufen.

Überschaubare Ziele sind wichtig

Es ist wichtig, daran zu denken, daß die erhofften Veränderungen auch Grenzen haben und daß wir uns keine unmöglichen Ziele setzen sollten, wenn wir es mit dem bösen Ich zu tun haben. Wir suchen eine neue Ordnung der Machtstruktur und nicht ein Ausmerzen der Kräfte, die sich gegen uns zu richten scheinen. Wir wollen statt dessen unsere Aggressionen und Angstgefühle in andere Bahnen leiten, nicht aber auslöschen. Da Wut- und Angstgefühle so beschwerlich und schwächend sind, können die meisten Menschen nur schlecht damit umgehen, und bei ihrem Versuch, sie zu überwinden, werden sie erst recht nervös. Manche Menschen glauben, daß geistige Gesundheit darin besteht, sich in einem seligen, spannungsfreien Zustand zu befinden, wo es weder Wut noch Aggression gibt. Das ist ein großer Irrtum und ein Beispiel dafür, wie dein böses Ich dein Stolpern vorbereitet. In Wirklichkeit ist eine gewisse nervöse Anspannung normal: wir werden dadurch angetrieben, uns in eine Richtung vorwärts zu bewegen, die allerdings falsch oder richtig sein kann. Manche Menschen können damit gut umgehen; es treibt sie zu harter Arbeit an, etwas zu erreichen, den gewünschten Einfluß auf andere zu haben und schließlich in der Welt selbst einen Eindruck zu hinterlassen. Ihre aggressiven Impulse verschaffen ihnen Aufmerksamkeit und Respekt und bringen sie an das Ziel ihrer Wünsche. Die meisten Menschen aber werden durch ihre sorgenvolle Anspannung nur gebremst, von Wichtigem abgelenkt, und in einem Zustand von Unsicherheit und Gehemmtsein festgehalten. Hier kreisen die Angstgefühle wie Geier und suchen nach einer empfindlichen Stelle. Sie bewirken nur Besorgnis bis Panik, und sie verschwinden nie. Wenn diese Gefühle sich festsetzen, dann entflieht die Spontaneität, dann wird das Verhalten unflexibel und eingeschränkt, nur, um so den Forderungen der inneren Dämonen nachzukommen.

«Meine Angst vorm Fliegen bestimmt mein Leben. Vor vielen Jahren habe ich mit einem Mann Schluß gemacht, den ich sehr gerne mochte. Er reiste sehr gern, aber ich konnte meine Furcht nicht überwinden. Eine Zeitlang dachte ich mir Entschuldigungen aus, weil es mir peinlich war, aber schließlich fand ich es leichter, mit ihm Schluß zu machen, als diese Angst zu gestehen oder deswegen etwas zu unternehmen. Mehrmals hätte ich mit Freunden eine Reise machen können, aber ich habe immer abgesagt. Ich versuche, mich darüber lustig zu machen, aber eigentlich habe ich dauernd Angst, daß das Thema zur Sprache kommt. Und ich habe deshalb eine wirklich schlechte Meinung von mir selbst.»

«Sexuelle Beziehungen mit meinem Mann sind für mich nicht sehr befriedigend, und eigentlich ist das allein meine Schuld. Jedesmal, wenn ich meinem Mann sagen möchte, was mir gefallen würde oder wenn ich nur über Sex mit ihm sprechen möchte, dann ist mir die Kehle wie zugeschnürt. Ich habe mich selbst völlig davon überzeugt, daß er mich seltsam finden wird, daß er ärgerlich sein wird oder daß er den Eindruck bekommt, daß ich ihm die Schuld gebe. Und in der Zwischenzeit habe ich Schwierigkeiten, Freude an unserem sexuellen Zusammensein zu haben, aber nichts wird sich ändern, wenn ich nichts unternehme.»

«Ich habe eine solche Angst davor, beim Zusammensein mit einer Frau keine Erektion zu bekommen, daß ich jetzt schon sehr selten eine Beziehung bis zu dem Zeitpunkt aufrechterhalte, wo wir vielleicht zusammen ins Bett gehen würden. Ich habe eine Höllenangst davor, daß die Frau, mit der ich ausgehe, Annäherungsversuche macht. Und doch habe ich keinerlei Schwierigkeiten mit der Erektion, wenn ich allein bin.»

Wir brauchen eine gewisse nervöse Energie für unsere Kreativität, um wachsen zu können und uns zu verändern. Ohne sie würden wir nur auf der Stelle treten. Was wir lernen müssen ist, sie in Bahnen zu lenken, die uns nützlich sind und uns in unserer Entwicklung nicht behindern.

Es liegt in der Natur des Menschen, Probleme zu lösen. Indem er

Erklärungen sucht, Wege findet und Entscheidungen fällt, entwickelt er sich und bewegt sich vorwärts. Das böse Ich aufzuspüren, kann besonders befriedigend sein, weil darin ein enormes Potential liegt, sich selbst zu helfen und mit sich umgehen zu lernen. Das daraus folgende Gefühl der Selbstdisziplin und des Selbstbewußtseins ist genau das, was nötig ist, um das böse Ich in Schach zu halten.

Setze dich für dich selbst ein

Wo beginnen wir also den Kampf mit dem bösen Ich? Der erste Schritt ist die Erklärung, daß wir den Kampf aufnehmen werden. Diese Erklärung allein hat schon therapeutischen Wert: Das böse Ich liebt Unentschlossenheit. Wir werfen den Fehdehandschuh jenen Dämonen vor die Füße, die uns beherrschen wollen, die uns lieber ängstlich und erfolglos sehen. Wir entscheiden uns, nicht zuviel von uns zu verlangen, in unserem besten Interesse zu handeln und in der von uns gewählten Richtung voranzukommen. Wir erklären, daß wir uns nicht mehr von den Meinungen und Handlungen der inneren Stimmen abhängig machen wollen, die sich nicht zeigen mögen und uns nur niederhalten wollen. Wir entscheiden uns dazu, soviel wie möglich über unser böses Ich zu lernen und uns die Fähigkeiten und Strategien zu eigen zu machen, die für den Widerstand notwendig sind.

Kalkuliere das böse Ich ein

Wir können uns besser gegen das böse Ich wehren, wenn wir seine Daseinsberechtigung und seine Macht anerkennen. Das Schönste für es ist, wenn Menschen so tun, als ob es nicht vorhanden oder als ob es unwichtig sei. Dann kann es so richtig aktiv werden, kann ihnen das Leben schwer machen, ohne daß sie wissen, was eigentlich vorgeht. Es braucht Platz zum Atmen, und es muß immer wieder wissen, daß du dir seines Vorhandenseins bewußt bist. Wenn es weiß, daß du ihm auf die Schliche gekommen bist, dann wird es zweimal überlegen, bevor es etwas Dummes tut. Wenn du es wissen läßt, daß du es akzeptierst und an einer Zusammenarbeit interessiert bist, daß seine Existenz nicht gefährdet ist, dann wird es dir sogar manches leichter machen. Das böse Ich ist überempfindlich und nachtragend, aber wenn du an seinen

Sinn für Fairneß appellierst, dann arbeitet es vielleicht für dich. Wenn du ihm außerdem manchmal nachgibst und feststellst, daß du auch das aushalten kannst, dann kannst du dadurch deine Stärke in einem neuen Licht sehen.

Lerne deine inneren Stimmen kennen

Der übrige Teil dieses Buches handelt davon, wie man sein böses Ich kennen- und mit ihm umgehen lernt. Wir werden langsam vorgehen; in kleinen Schritten, auf eine kontrollierte und ungefährliche Weise öffnen wir unser Unterbewußtsein. Wir lernen es, unseren verzweifelten Griff zu entspannen, mit dem wir all die schrecklichen Geheimnisse niederhalten und bringen sie ans Licht. Wir regen eine Diskussion unserer inneren Stimmen in einer Atmosphäre von Fairneß und Wohlwollen an. Wir werden jetzt kurz die vielen Strategien und Methoden umreißen, durch die wir zu unserem Ziel gelangen und die in Teil I und II ausführlich beschrieben sind.

Der erste Schritt auf dem Weg zur richtigen Behandlung des bösen Ichs ist das In-sich-Hineinhorchen, um herauszufinden, wer da eigentlich spricht. Indem wir unsere Antenne auf diese im Inneren ablaufenden Gespräche einstellen und feststellen, was da passiert, werden uns die verschiedenen Stimmen vertraut, und wir hören, was sie zu sagen haben. Wir finden heraus, wer für und wer gegen uns ist. Wir lernen die Machtstruktur kennen, indem wir hören, wann bestimmte Stimmen etwas zu sagen haben und wann sie still sind. Wir lernen, wodurch sie provoziert werden. Wir bekommen eine Vorstellung davon, was für eine Art von Regierung hier das Sagen hat – ist es eine Diktatur? Eine Demokratie? Läuft alles nach parlamentarischen Regeln ab, oder schreien die Stimmen einander nieder, um Aufmerksamkeit zu erregen? Welche Stimmen haben die größte Macht? Gibt es Stimmen, die unterdrückt oder zur Seite gedrängt werden? Wir beginnen zu verstehen, unter welchen Umständen bestimmte Stimmen und Verhaltensweisen zum Vorschein kommen.

Wenn wir anfangen zu verstehen, wie unsere inneren Stimmen arbeiten, können wir auch leichter etwas mehr Ordnung in sie bringen. Wir kommen so weit, daß wir aktiv eine Diskussion unter ihnen anregen können; wir trauen uns zu, sie zu Wort kommen zu lassen, ohne daß wir fürchten, sie könnten uns überrennen. Unsere Selbstbefragungen werden ausbalancierter und gerechter. Das Risiko, daß unsere negativen Stimmen zuviel Einfluß auf unsere Entscheidungen haben, wird geringer. Die Stimmen, die erst so schwer zu fassen waren, werden freundlicher, verständlicher und berechenbarer; wir haben nicht mehr das Gefühl, daß wir ihnen ausgeliefert sind. Allmählich bildet sich eine bestimmte Logik, ein Muster heraus, wie wir über uns denken und wie wir fühlen. Wir können eine flexiblere Haltung einnehmen, was unsere sich scheinbar widersprechenden Stimmen angeht und ihnen zugestehen, daß auch sie alle ihren Platz im Ganzen haben. Es ist nicht mehr so wichtig, daß auch ja alles in ein bestimmtes Schema oder eine Theorie paßt.

Wenn wir erst einmal genug Selbstvertrauen haben, auch mit den vielen widersprüchlichen Stimmen fertig zu werden und sie ruhig zu Wort kommen zu lassen, selbst wenn das, was sie sagen, negativ oder destruktiv ist, dann entschärfen wir schon dadurch die Macht des bösen Ichs, das uns nun nicht mehr so leicht verletzen oder überrumpeln kann.

Während dieses Prozesses beobachten wir, wie die Stimmen sich heute in uns verhalten, wie unser Leben heute davon beeinflußt wird. Wir verstehen zwar, daß das böse Ich aus unserer Kindheit stammt, aber wir konzentrieren unser Bestreben, uns selbst kennenzulernen und zu verwirklichen, auf das Heute, trotz unserer Vergangenheit. Je besser wir es fertigbringen, unseren Stimmen zuzuhören, desto eher werden wir feststellen, daß es auch positive Stimmen gibt, auf die bisher nicht gründlich genug gehört wurde. Wir lernen, wie man sie heraushört, wie man ihren Beistand hegt und pflegt und kommen dahin, daß wir sie zu Hilfe rufen können, wenn wir einen Zusammenstoß mit dem bösen Ich haben. Wir können dem Teil unseres Selbst, das vorwärts strebt, mehr Energie zukommen lassen und geben dafür den Forderungen unseres kleinlichen Gewissens seltener nach. Auf diese Weise können wir die vernichtenden Urteile des bösen Ichs kurzschließen und auch unsere Verbündeten zu Wort kommen lassen, besonders wenn es darum geht, Belohnungen und Strafen auszuteilen. Unsere treuen, hilfreichen Verbündeten mildern die Urteile des mißtrauischen, strafenden Quälgeistes. Indem wir diese Verbündeten in uns aufspüren, sie uns zu Freunden machen, schaffen wir uns Beistand in unseren Zusammenstößen mit dem bösen Ich. So ist ein fairer Wettbewerb möglich.

Wie findet man Zugang?

Du kannst auf ganz verschiedene Arten lernen, der Unterhaltung in dir zuzuhören; die meisten Methoden sind sehr unkompliziert. Am einfachsten ist es, wenn man hin und wieder ein paar Minuten innehält, um zu sehen, ob man seine Gedanken «greifen» kann. Diese Denkvorgänge sind schwer faßbar, verwickelt und schnell, aber mit etwas Übung kannst du lernen, sie auseinanderzuhalten. Es gibt Techniken mit «gelenkten Bildern», wobei man seine Gedanken auf eine geplante, kontrollierte Weise wandern läßt. Träume sind ein anderer wichtiger Weg, über den man versuchen kann, Zugang zu seinem Inneren zu bekommen, ohne daß man eine psychologische Vorbildung braucht. Wir werden später in diesem Buch noch besprechen wie man Tagebücher führen, Gespräche aufzeichnen und Diskussionen mit dem bösen Ich führen kann. Es gibt Übungen, die dir dabei helfen können, Wachträume für Selbstbefragungen zu nutzen und andere, die dich dazu ermutigen sollen, andere Menschen in deinem Leben an diesen inneren Gesprächen teilhaben zu lassen.

Was ist der Gewinn?

Eine Organisation, in der die Stimmen des bösen Ichs die Oberhand haben, ist offensichtlich schlecht geführt. Um die Machtstruktur neu zu organisieren, müssen wir die Hilfe jedes nur möglichen Verbündeten zusammentrommeln und Fähigkeiten entwickeln, alles glatt ablaufen zu lassen. Wir entwickeln eine Angriffstaktik, die das böse Ich zur Abwechslung einmal in die Defensive treibt. Wir ersetzen wurmstichige, alte Gewohnheiten durch gesunde, neue Verhaltensweisen und drehen damit die Aggressionen um, die bisher alle unsere Hoffnungen und Träume untergraben haben. Wir stellen fest, daß nervöse Energien und Aggressionen Treibstoff für Vorwärtsentwicklung und damit für das Wohlfühlen sein können. Wir werden weniger empfänglich für die Terrorisierung von negativen Stimmen, deren Botschaften mit den wahren Umständen unseres Lebens nichts zu tun haben.

Der Lohn dafür, daß wir uns dem bösen Ich stellen, kann enorm groß sein; solange es uns regiert, haben wir weder eine Chance, so zu sein, wie wir sein wollen, noch das zu tun, was wir wollen. Es ist ja nur in seinem besten Interesse, daß uns der Quälgeist terrorisiert, daß er uns von unserem Willen zur Veränderung abbringt, daß er uns davon überzeugt, daß so, wie es ist, doch alles ganz in Ordnung ist. Und weil wir gelernt haben, mit ihm zu leben, weil Änderungen so voller Risiken zu stecken scheinen und mehr Versagen und mehr Angst die möglichen Folgen sein können, gehen wir lieber auf Nummer Sicher und bleiben beim Status quo. Aber diese Sicherheit ist Betrug. Wenn wir nämlich erst einmal damit beginnen, das böse Ich genauer zu untersuchen, dann sehen wir erst, wie unglaublich erniedrigend es ist, seinen Forderungen ausgeliefert zu sein.

Wenn wir uns aufraffen und uns ihm widersetzen, dann geben wir schon zu, daß wir für unsere Selbstachtung und unseren Erfolg kämpfen wollen. Wenn wir lernen, fair mit uns selbst zu kämpfen, dann haben wir die Möglichkeit, um unser eigenes Potential auszuschöpfen, um unser verlorenes Selbst in seiner Gesamtheit zu finden und schätzen zu lernen und gute Beziehungen zu anderen Menschen aufzubauen.

II Dem bösen Ich auflauern

6. Seine Eigenschaften

So, und wie sieht dieser Schmarotzer nun aus? Was sagt er, und was tut er? Wie können wir ihn in flagranti ertappen? Was haben alle bösen Ichs gemeinsam?

Das böse Ich – ein «alter Hut»

Unser böses Ich, das mit der Zeit immer raffinierter wird, zeigt, wie wir in der Vergangenheit mit Widerspruch und Mißgeschick fertiggeworden sind. Es verändert sich durch unsere Erfahrungen, die es formen und stärken. Manchmal setzt es sich so fest, manchmal stammen seine starren Reaktionsmuster noch aus Lebensstadien, in denen man sich formen ließ, daß es nun heute nicht mehr mit der Zeit geht. Es ist dann wie ein früheres Ich, das uns an die Person erinnert, die wir einmal waren, an eine Verhaltensweise, die früher einmal die unsere war; und doch können wir es nicht abschütteln. Dieser Quälgeist ist eine schlechte Angewohnheit, die wir nicht mehr brauchen. Wie die Saurier hätte er vor langer Zeit aussterben sollen, aber er hängt beharrlich fest und kommt immer dann an die Oberfläche, wenn er eine Öffnung sieht.

Deshalb ist er uns häufig ein Rätsel. Dieser kleinliche, nörgelnde Quälgeist in uns scheint so wenig mit der Realität unseres jetzigen Lebens zu tun zu haben. Es geht uns gut, wir haben Erfolg, unsere Freunde und unsere Familie schätzen uns, und doch ist da diese Kreatur, die von all diesen Beweisen nicht beeindruckt ist. Wir meinen, daß wir all unsere kindlichen Gewohnheiten längst hinter uns gelassen haben, daß das Bild, das wir von uns als Kind gehabt haben, für uns schon lange nicht mehr zutreffend ist, und doch reagieren wir wie ein Kind, automatisch, ohne nachzudenken.

John meint, daß er es weit gebracht hat, wenn man bedenkt, was für ein schüchterner Junge er war, der seinen Mund in der Schule nicht aufbekam. Heute würde das keiner von ihm sagen; manche finden ihn sogar ausgesprochen selbstbewußt, gut aussehend, lebhaft und wortgewandt. Innerlich aber zittert er noch immer, obgleich er äußerlich so sicher wirkt. Er kommt sich wie ein Betrüger vor. Eine kleine Stimme läßt ihn nicht in Ruhe: «Du meinst wohl, sie merken nichts. Aber sie werden dir schon auf die Schliche kommen. Sei bloß vorsichtig!» Das böse Ich ist hoffnungslos altmodisch und gar nicht auf Draht, was das wirkliche Leben angeht, das John heute führt. Johns Erfahrungen über Jahre hinaus haben ihm eine ganze Menge Sicherheit gegeben. Aber die Drohungen und Sticheleien seines Quälgeistes kann er trotzdem nicht abschütteln. Je mehr Abstand er zwischen dieser primitiven Stimme und seinen beträchtlichen Leistungen schafft, desto rachsüchtiger, fordernder und unvernünftiger wird sie. Manchmal machen John seine inneren Stimmen so zu schaffen, daß er sich von allem zurückzieht, weil er weiß, daß dann die dauernde Spannung nachläßt. Er gibt also nach, und das böse Ich läßt von ihm ab. Wenn er wirklich die Mauern, die ihn zurückhalten, niederreißen möchte, dann gibt es nur eins, er muß das böse Ich stellen.

Das böse Ich ist unbeständig

Es ist keine aus einem Stück geschnitzte, rot angemalte Zielscheibe, die sich nur langsam bewegt und leicht zu treffen ist. Es ist eine Ansammlung aller feindlichen Stimmen, ein lebendiges Lexikon aller unserer Verhaltensweisen, die uns selbst erniedrigen, unsere Entwicklung hemmen und die in der Vergangenheit so erfolgreich unser Leben bestimmt haben. Es ist mit deinen Schwächen dauernd auf dem laufenden. Es ist gerissen, mit allen Wassern gewaschen und weiß genau, wann es dir einen Knüppel zwischen die Füße werfen kann. Angstanfälle, Ungeschicktheit, Versprechen, auf die Nase fallen, grobe Schnitzer, es hat etwas für jede Gelegenheit bereit. Wenn du ruhig dasitzt und versuchst, ein Buch zu lesen, dann meldet es sich mit einer anderen Stimme, als wenn du dich abhetzt, damit die Kinder rechtzeitig zur Schule kommen oder als wenn du dich schlecht fühlst. Es kann sich dazu in Sekundenschnelle verändern. Wenn du es endlich schaffst, daß es dich wegen deines Gewichtes in Ruhe läßt, dann wird es sich auf etwas Neues konzentrieren, auf dein Arbeitsverhalten, dein Liebesleben, deine Sportlichkeit, die Sicherheit deines Arbeitsplatzes, ob du liebenswert bist oder nicht. Zumindest wird es dafür sorgen, daß du mörderische Kopfschmerzen bekommst oder dir sonst etwas zustößt.

Das böse Ich möchte dich auf einer bestimmten Unglücksschwelle niederhalten. Es möchte nicht, daß dir Dinge zu leichtfallen, damit du nicht noch Energie übrig hast, um weiterzukommen. Hast du jemals bemerkt, wie deine üblichen Angstgefühle und deine Selbstkritik nachlassen, wenn du ein wirkliches Problem hast und alles sowieso nicht so gut läuft? Dann nämlich läßt das böse Ich in seinem Druck ein wenig nach, dann wachsen deine Bäume ja sowieso nicht in den Himmel. Es will nicht, daß du zu aufmüpfig wirst; wenn es das merkt, dann ist ihm jedes Mittel recht, um dich wieder zum Kuschen zu bringen.

Das böse Ich ist hinterhältig

Unser Quälgeist kämpft unfair. Er ist ein Heimlichtuer und ein Kriecher und Meister des Überraschungsangriffs. Er kann jahrelang unser Leben immer wieder völlig durcheinanderbringen und zwar auf eine so unterschwellige Art, daß scheinbar keine Verbindung zu dem Problem selbst zu ziehen ist, das wir identifizieren können, so daß wir keine Ahnung haben, was eigentlich los ist.

Schon seit Jahren wollte Marion an der nahegelegenen Schule einen Töpferkurs machen, aber es war ihr klar, daß sie am Ende des Tages einfach zu müde dazu sein würde. Sie war überrascht, als sie feststellte, daß sie tatsächlich müde war, obwohl sie doch diesen Kurs machen wollte. Das böse Ich war dagegen.

Immer wenn Brad ein besonders schönes Wochenende mit seinen Kindern verbracht hatte, war der Sonntagabend besonders schlimm. Dann machte er sich Sorgen, ob er ihnen wohl etwas bedeute, oder ob ihnen in der kommenden Woche wohl etwas zustoßen würde. Dann war er sicher, daß er das Falsche gesagt oder getan hatte. Sonntagabend trank er häufig Alkohol, um seine Nerven zu beruhigen. Gerade wenn er die Zeit mit ihnen genossen hatte, dann verdarb er alles, indem er seine Söhne am nächsten Tag anrief und einen Streit vom Zaun brach. Oder er gab sich keine Mühe beim Vorbereiten des nächsten Wochenendes. Und wenn dann am nächsten Wochenende alles falsch lief, dann regte er sich zwar auf, war aber doch irgendwie erleichtert.

Janet kann es sich einfach nicht erklären: Immer wenn sie einem Mann begegnet, den sie so sehr mag, daß sie gern mit ihm schlafen möchte, dann bekommt sie prompt eine Scheidenentzündung.

Das böse Ich kennt viele ausgefallene Wege, um uns aus dem Gleichgewicht zu bringen. Manchmal sind es Träume, die wir haben und die uns verwirrt und unsicher erwachen lassen. Manchmal sagen oder tun wir etwas, was gefährlich ist und eigentlich gar nicht zu uns paßt. Unser dauerndes Überdenken kann so intensiv und verwirrend sein, daß sinnlos Energie verbraucht wird. Wir können ohne Vorwarnung krank werden.

Das böse Ich kann zum Beispiel aufgespürt werden, wenn eine gute Diskussion deiner inneren Stimme plötzlich unterbrochen wird oder einseitig zu werden droht; wenn du dir zum Beispiel über ein bestimmtes Thema Gedanken machst und plötzlich dabei von einer schrillen Stimme unterbrochen wirst, die dir mit allerlei logischen und unlogischen Argumenten kommt, warum du etwas nicht tun oder versuchen solltest: «Es ist zu teuer.» – «Ich bin zu alt dafür.» – «Ich habe keine Zeit dafür.» – «Es ist dumm.» – «Es ist eine Zeitverschwendung.» «Oder: «Ich kann doch nicht ...» Und: «Dann muß ich doch das und das aufgeben.» Plötzlich sind auf unerklärliche Weise all die positiven Argumente wie vom Tisch gefegt und gehen in einer Welle von Zweifeln und Verboten unter. Das böse Ich wird häufig besonders dann aktiv, wenn man sich in einer Krisensituation befindet, wenn man vor wichtigen, das Leben verändernden Entscheidungen steht, dann, wenn also auch die Entwicklungsmöglichkeit am größten ist.

Das böse Ich – der ewige Neinsager

Freude vergeht, aber Kummer bleibt. Das böse Ich ist ein hartnäckiger Schuft, der nichts vergißt. Es behält jede kleinste, schlechte Nachricht, jeden Mißerfolg, jedes Angstgefühl und erinnert uns daran. Es sorgt dafür, daß das Negative überbewertet und das Positive heruntergespielt wird, daß wir ein Versagen übertreiben und unsere Erfolge und Leistungen unterbewerten.

Das böse Ich ist ein großer Sammler. Es bewahrt jede traurige, negative Information auf und kann sie in Sekundenschnelle hervorholen. Es sucht in seiner Sammlung nach den schlimmsten, fürchterlichsten und peinlichsten Einzelheiten: «Erinnerst du dich noch daran, wie dämlich du damals dastandest, als du an dem Volleyballspiel am Strand teilnahmst? Das war beinahe so peinlich wie damals, als Emma dir im Beisein von Herbert und Maria einen Korb gab.» «Warum willst du unbedingt bei dieser gefährlichen Floßfahrt mitmachen? Weißt du nicht mehr, wieviel Angst du im letzten Sommer schon bei dieser harmlosen Kanufahrt hattest?» «Du solltest Ellen lieber nicht um eine Verabredung bitten. Du wirst verlegen sein und kein Wort herausbringen.» «Erinnerst du dich noch, wie du deinen Sohn zum Baseballspielen in den Park mitgenommen hast und dann jedesmal daneben hautest?» Und dann kommt das böse Ich mit dem Schmuckstück der ganzen Sammlung: «Du hast dich damals so blamiert, als du vor all den Professoren mit offener Hose dastandest. Das war wirklich die Krönung.»

Das böse Ich ist ein Spielverderber. Wenn wir zuviel Spaß an einer Sache haben, wenn wir uns so richtig frei und gut fühlen, dann können wir uns darauf verlassen, daß es das bald ändert. Vielleicht sitzen wir nur mit einer Tasse Kaffee am Fenster und freuen uns an dem schönen Frühlingstag. Sofort wird es behaupten, daß wir unsere Zeit vergeuden, wird all das aufzählen was wir eigentlich im Garten tun müßten oder wird uns plötzlich an einen kranken Freund erinnern.

Oder wir sitzen mit Freunden beim Essen, die wir lange nicht gesehen haben und genießen das Gespräch, die vielen gemeinsamen Erinnerungen, und ihre Zuneigung so richtig. Das böse Ich wird uns dann an einen Streit mit Anne im vorigen Jahr erinnern, dann an einen Freund, der uns vor zwanzig Jahren verriet und wird schließlich im Verhalten unserer Freunde nach Anzeichen dafür suchen, daß mit dieser Freundschaft etwas doch nicht so ganz stimmt.

Das destruktive Ich ist ein grenzenloser Spaßverderber. Es liebt es, sich auszumalen, was im schlimmsten Fall passieren kann: «Was, wenn ich mit Adam ins Bett gehe, und er findet mich zu mager? Was, wenn er sich nie wieder meldet? Wird er den Eindruck bekommen, daß ich zu leicht zu haben bin?»

«Meine Frau und ich machten eine Woche Ferien auf Barbados, es war das erste Mal seit vier Jahren, daß wir ohne unsere Kinder waren. Wir freuten uns beide sehr auf die Reise, hatten sie schon monatelang vorbereitet; meine Eltern paßten auf die Kinder auf. Kaum waren wir aber an unserem Ferienort, fing Marie an, sich wegen der Kinder Sorgen zu machen und malte sich dabei die schlimmsten Möglichkeiten aus: Waren sie vielleicht krank, hatte eins einen Unfall gehabt? Aßen sie auch gut und hatte sie auch nicht vergessen, wegen Kerstins Medikamenten Bescheid zu sagen? Kannte mein Vater den Weg zum Krankenhaus? Würden uns die Kinder diese Reise übelnehmen? Könnte sie sich denn jemals verzeihen, wenn etwas passierte? Schliefen sie auch genug, oder durften sie zuviel fernsehen? Zu Hause ist sie eigentlich kein Schwarzseher. Aber hier, wo wir nun endlich einmal allein sein und es uns wirklich schön machen konnten, da mußte sie uns beiden die ganze Reise verderben.»

Überkritische, negative Menschen verderben sich nicht nur ihren eigenen Spaß, sondern auch den anderer. Mit ihren unguten Gefühlen können sie ihre Umgebung regelrecht vergiften. Im allgemeinen beurteilen sie auch andere negativ und kritisch, säen Zweifel und Zwietracht. Schließlich machen sie alles schlecht: Bücher, Filme, gute Absichten und Interessengemeinschaften. Diese ansteckende negative Einstellung hat offensichtlich schwerwiegende Folgen auf die Eltern-Kind-Beziehung, auf Freundschaften und Liebesverhältnisse.

Das böse Ich ist engstirnig

Ein wichtiges Merkmal des Quälgeistes sind seine Scheuklappen – er kann Dinge nicht in ihrem Zusammenhang sehen. Er konzentriert sich lieber auf einfache Eigenschaften und verallgemeinert, wo nur wenige Tatsachen zur Verfügung stehen. Diese eindimensionale Orientierung ist für das böse Ich typisch. Es sucht sich Kleinigkeiten heraus und kommt immer wieder darauf zurück. Es isoliert ein Verhaltensmerkmal und zieht sofort seine Schlüsse daraus, legt uns ein für allemal fest und urteilt über uns.

Das böse Ich nimmt Merkmale aus ihrem Zusammenhang heraus und beurteilt sie, seine Beziehungspunkte sind überholt. Es ist wie ein Vater, der nur sieht, daß sein Sohn beim Fußball nicht besonders gut ist, aber all das übersieht, was den Sohn auszeichnet: seine Beliebtheit, sein musisches Können, sein Interesse an Tieren, sein Witz und seine guten Noten.

Der Quälgeist fühlt sich in unserer Welt nicht wohl, wo Zusammenhänge und Widersprüche eine Rolle spielen, wo subtile Dinge und feine Unterschiede ihren Platz haben. Er kann sich nur auf eine Sache zur Zeit konzentrieren: «Du hast stechende Augen.» Oder: «Du hast keine Erektion gehabt.» Wenn die Diskussion fair abläuft, dann wird die Kritik an den stechenden Augen abgeschwächt durch Bemerkungen über die positiven Seiten unseres Äußeren: ein ausdrucksvoller Mund, eine reine Haut, Anmut und schönes Haar. Auch andere Faktoren werden betrachtet: dein Charakter, dein Naturell, deine Talente, dein Sinn für Humor. Der Quälgeist kann all das nicht sehen. Bei einer fairen Diskussion merken wir schon, daß das Stimmchen, das die Erektionsunfähigkeit zur Sprache bringt, gegen uns ist, und so rufen wir die Stimmen zu Hilfe, die dem nicht zustimmen und die sowieso bezweifeln, daß die Erektion das Endziel jedes sexuellen Genusses ist. Wenn man auf den Quälgeist nicht aufpaßt, dann wird er noch einen Schritt weitergehen: Aus dem «du hast stechende Augen» wird «du bist häßlich», aus dem «du hattest keine Erektion» wird «du bist ein schlechter Liebhaber».

Eine andere beliebte Taktik ist, daß dein Quälgeist irgendeinen Aufhänger findet, ein früheres Versagen, einen körperlichen Makel, eine Schwäche, eine Furcht, eine unglückliche Erinnerung und darin dann immer herumbohrt, uns wieder und wieder daran erinnert und dafür kritisiert, bis es eine übermäßige Bedeutung annimmt. Wir sind davon wie gelähmt, und jede Weiterentwicklung wird gehemmt. Die nichtperfekte Figur wird wichtiger und wichtiger und hält uns davon ab, uns zu verlieben. Wenn man dich vor zwanzig Jahren einmal entlassen hatte, dann wirst du jetzt nicht wagen, die ungeliebte Stellung zu wechseln. Das Angstgefühl, das du das erste Mal hinter dem Steuerrad hattest, hält dich jetzt davon ab, fahren zu lernen und deinen Horizont zu erweitern. Du erinnerst dich daran, daß du den Haushaltspflichten einmal entfliehen wolltest, und schon denkst du, daß du eine schlechte Mutter bist.

Das böse Ich kann nichts Neues bringen; es kommt immer wieder mit denselben Sachen. Aber es funktioniert: Wenn ein negativer Tyrann alle anderen Stimmen überschreien kann, dann wirst du ernsthaft geschwächt, du wirst an Leib und Seele krank.

Der Quälgeist liebt Vereinfachungen, Stereotypen und Verallgemeinerungen: «Das war doch wieder typisch Frau!» – «Du bist wirklich ein Geizkragen!» – «Du hast dich ja wieder wie ein männlicher Chauvinist benommen!» Er nimmt Verhaltenszüge aus dem Zusammenhang heraus und betont sie übermäßig. Natürlich führen diese scheinbar harmlosen Benennungen dann dazu, daß du dich dann auch entsprechend benimmst und schüren damit den Selbsthaß noch mehr.

Das böse Ich ist unflexibel

Der Quälgeist kann sich nicht anpassen. Er hat feste Vorstellungen von richtig und falsch, hat unbedingt faschistische Tendenzen. Er kann sich als mächtiger Richter aufspielen und uns mit seiner unbarmherzigen Kritik einschüchtern. Er liebt es, uns die Schuld zu geben, sagt uns, was wir verkehrt gemacht haben, zeigt anklagend auf jede kleinste Verletzung der von ihm aufgestellten Regeln. Seine Vorstellungen der Geschlechterrolle sind überholt, aber er will sie nicht verändert sehen. Das böse Ich ist immer auf der Seite der Macht, der Eltern, der Polizei, des Lehrers. Wir haben Mühe, uns der Autorität zu widersetzen und für unsere Individualität zu kämpfen. Es hat uns nur allzu gut beigebracht, daß wir Schwierigkeiten haben werden, wenn wir den Forderungen von anderen nicht nachgeben. Wenn wir nur das tun, was das böse Ich will, dann fühlen wir uns sogar noch belohnt; wir haben ein trügerisches Gefühl des Wohlbefindens, wir verspüren zeitweilig weniger Angst, wir haben das verführerische Gefühl, das Richtige getan zu haben. Es hat es gern, wenn wir feste Vorstellungen davon haben, wie wir sein sollten, denn diese Vorstellungen sind Stereotypen, sind unflexibel und ohne Risiko.

Das böse Ich hat Angst

Mit dem Älterwerden haben wir auch das Bedürfnis, im Leben vorwärtszukommen, mehr zu lernen, uns zu entwickeln. Der Quälgeist aber möchte, daß wir zu Hause bleiben, wo wir es bequem haben. Es findet ein Kampf statt zwischen dem Wunsch, unser Ziel zu erreichen und den Kräften, die uns davor zurückhalten. In all unseren Denkprozessen wird der Kampf deutlich zwischen dem intensiven, provokativen Streben nach Weiterentwicklung, nach dem Verwirklichen von neuen Ideen und den Kräften, die sich gegen Kreativität und Intellekt stemmen, uns auf der Stelle treten lassen und dumm halten wollen. Wenn wir uns etwas überlegen, wenn wir planen und uns Gedanken machen, dann wird dieser Prozeß immer durch vorsichtige und warnende Stimmen eingeengt, die vorschnell urteilen, abraten, kritisieren und Bemerkungen machen wie: «Was, wenn ...?» «Die werden dich für dumm halten!» «Das ist lächerlich!» «Das klappt nie!» «Das kannst du nicht machen!» Und: «Paß auf!» Hört sich das nicht an wie eine Mutter, wie ein Vater, die ein Kind daran erinnern, daß es Grenzen hat, daß es vorsichtig sein soll und nicht zu früh und zu wenig vorbereitet in unbekanntes Gelände vordringen soll?

Wenn wir nach der Wahrheit über uns selbst suchen, wenn wir unterscheiden lernen zwischen unseren eigenen Zielen und denen, die andere für uns haben, gerade dann wird der Quälgeist besonders niederträchtig und aktiv.

«Schon in den letzten vier Jahren meiner Ehe war es mir klar, daß sie keine Zukunft hatte, und ich wollte damit Schluß machen. Aber jedesmal, wenn ich an das Fortgehen dachte, geriet ich in Panik. Ich konnte buchstäblich Hunderte von Gründen aufzählen, warum es doch dumm sei, die Ehe zu beenden, und eigentlich waren es alles negative Gründe: ich hätte zuviel Angst, wenn ich allein lebte; bei der geringsten Schwierigkeit würde ich zusammenbrechen; die Tage würden endlos sein; alle meine Freunde würden zu meinem Mann halten; ich würde die Annehmlichkeiten, die ich jetzt hatte, vermissen; ich sei zu alt, um wieder allein zu leben; niemand würde mich wollen; es wäre schrecklich, niemanden mehr zum Sprechen zu haben; ich würde die ganze Hausarbeit allein machen müssen, weil ich mir keine Hilfe mehr würde leisten können; ich würde zu spät feststellen, daß ich einen Fehler gemacht habe und könnte nicht mehr zurück; ich würde unsere Reise nach Arizona nicht mitmachen; Al war wirklich ein feiner Kerl und ich wüßte ihn bloß nicht zu schätzen; und so weiter und so weiter. Ganz selten einmal versuchte sich auch eine andere Stimme Gehör zu verschaffen: ‹Du machst dir doch etwas vor! Du wirst ohne Al viel glücklicher sein. Du hast doch früher gern allein gelebt. Wann hast du dich denn jemals gelangweilt, und wann hast du jemals ohne männliche Bekanntschaft auskommen müssen? Wo ist denn dein Sinn fürs Abenteuer abgeblieben? Denk dran, sonst wirst du nie das erreichen, was du möchtest.› Aber diese Stimmen waren schwach und selten zu hören. Ich konnte nur die Stimmen hören, die von Risiko und Untergang sprachen.»

Aktivität und das Verfolgen der eigenen Ziele wirkt auf das böse Ich vernichtend, denn seine Macht kommt aus unserer Unwissenheit und dem Unterdrücken der eigenen Träume. Wenn wir uns ans Erkunden machen, dann macht es uns krank. Wenn wir versuchen, etwas zu schaffen, dann wird es uns in Form von übermäßiger Erschöpfung heimsuchen. Es wird uns auf unserem Weg zum Stolpern bringen, vor Angst aufgeben lassen und uns wieder dahin bringen, daß wir entscheiden, es lohnt sich nicht, wir haben zuviel Angst, wir sind lieber in Sicherheit, wenn wir auch enttäuscht von uns sind.

7. Du identifizierst deinen eigenen Quälgeist

Wie steht es mit deinem eigenen bösen Ich? Kannst du es orten? Weißt du, wie es funktioniert? Kennst du die Bereiche und Aspekte deines Lebens, in denen es besonders aktiv wird? Weißt du, wo und wann du vor ihm sicher bist?

Eines ist sehr wichtig: Großzügige Verallgemeinerungen sind zwar nützlich, aber das böse Ich ist bei jedem anders ausgeprägt, unterschiedlich in Taktik und Verhalten. Um einen Plan zu entwickeln, wie wir unseren Quälgeist besser in den Griff bekommen, müssen wir genaue Informationen über ihn sammeln, herausfinden, wie er sich verhält und was er vorhat. Wir müssen ihn hinter seinen Masken und Ausreden entlarven. Bisher ließen wir uns zu leicht einschüchtern und ablenken, wenn wir uns mit ihm auseinandersetzen wollten.

Das genaue Bestimmen der charakteristischen Eigenarten unseres Quälgeistes ist aus zwei Gründen notwendig. Einmal brauchen wir einfach die Information, wenn wir seinen Einfluß erkennen und einen Plan aufstellen wollen, wie wir ihn besser kontrollieren können. Zweitens verliert er schon durch das Aufgedecktwerden selbst viel von seiner Macht, uns einzuschüchtern, zu überraschen und zu verletzen.

Je besser du das Verhalten deines Quälgeistes identifizieren kannst und lernst, was seinen Charakter ausmacht, desto mehr zügelst du seine Fähigkeit, ohne Hemmungen alles, was in deinem Interesse ist, über den Haufen zu werfen. Je besser du ihn definieren kannst, Worte findest, um ihn zu beschreiben, um so bewußter werden dir die Warnsignale. Wenn du auf sein Theater vorbereitet bist, dann hast du auch das Nötige in der Hand, um seine Pläne im Keim zu ersticken, seine Bomben zu entschärfen und seine Wirkung zu schwächen.

Es ist eine ziemlich schwierige Aufgabe, sein böses Ich an die Oberfläche zu bringen. Ohne Zweifel braucht man dazu Mut und muß bereit sein, auch einmal ein Risiko auf sich zu nehmen. Diese Risiken aber präsentieren sich dir nicht alle gleichzeitig. Es ist nicht so, als ob sich dein Unterbewußtsein plötzlich auf einmal wie ein schwarzer reißender Strom ergießt. Nur allmählich lernst du dein böses Ich kennen, es ist ein fortdauernder Prozeß, der dir mit jedem Schritt Stärke für den nächsten Schritt gibt. Wenn du das Verhalten des Feindes Stück für Stück aufdeckst, dann wirst du auch deine Verbündeten unter den Stimmen entdecken, die dich bei deinem Vorhaben unterstützen. Die Belohnung dafür, daß du dein böses Ich schließlich durchschaust, ist groß: Du hast nicht nur einige der Schranken durchbrochen, die deiner eigenen Entwicklung im Wege standen, sondern der Prozeß der Entdeckung des eigenen Ichs ist lohnend, interessant und spannender, als du je für möglich gehalten hättest.

Dieses und die nächsten zwei Kapitel sollen dir dabei helfen, ein deutliches Bild von deinem eigenen bösen Ich zu bekommen. Wir führen hier Beispiele an, beschreiben Fälle und stellen Fragen, um dir bei deinem Suchen nach dem bösen Ich auf die Sprünge zu helfen. Wenn du diese drei Kapitel durchgearbeitet haben wirst, wirst du genug wissen, um am Ende von Kapitel 9 den Fragebogen *Quälgeist-Alarm* auszufüllen. Hier sollst du so genau wie möglich das Verhalten deines Quälgeistes in Einzelheiten aufzeichnen: Wann meldet er sich? Was sagt er dann? Unter welchen Umständen, in welcher Lebenslage ist er besonders aktiv? Achte vor allem auf Schlagworte, auf die er gern zu reagieren scheint, auf Weitschweifigkeiten und Wiederholungen; jede Form von Information lohnt es zu notieren.

Die Antworten auf diese Fragen fallen vielleicht nicht leicht. Es ist unwahrscheinlich, daß dein böses Ich Information über sich selbst gern und ohne zu zögern zur Verfügung stellt. Jahrzehnte von sorgfältig aufgebauten Verteidigungsmaßnahmen und Täuschungsmanövern lassen sich schließlich nicht über Nacht wegwischen, nur, weil du ihm den Krieg erklärt hast. Wahrscheinlich wird das böse Ich nur um so verbissener reagieren, wenn es erst merkt, was du vorhast. Du mußt in dich hineinhören, ohne davon eingeschüchtert zu sein.

Hast du Schwierigkeiten zu erkennen, was für eine Rolle der Quälgeist in deinem Leben spielt? Kommt es dir so vor, als ob er zwar ein interessantes Phänomen ist, aber mit dir nichts zu tun hat? Wenn du nur schwer sehen kannst, was das böse Ich für dich bedeutet, dann gehörst du vielleicht zu den wenigen Glücklichen, die gelernt haben, ihre nervösen Energien und ihre Aggressionen zu nutzen und auch die positiven Stimmen in ihrem inneren Parlament zu hören. Wenn du dich aber unwohl fühlst ohne echten Grund, wenn dir dein Leben begrenzt vorkommt, ohne daß du weißt warum, dann ist es wahrscheinlich, daß dein böses Ich auf eine Weise aktiv ist, die dir verborgen bleibt. Das böse Ich wartet ab. Du mußt dir das, was in deinem Leben nicht so läuft, wie du möchtest, etwas genauer ansehen und darauf achten, ob du für manches selbst verantwortlich bist. Wenn du glaubst, daß du alles in der Hand hast, daß keine äußerliche Situation und keiner sonst für irgend etwas in deinem Leben verantwortlich ist, dann zeigt sich gerade darin deutlich das Vorhandensein des Quälgeistes; das darfst du nie vergessen.

Es ist wirklich erstaunlich, wie unterschiedlich und weitreichend seine Tricks sind. Einige sind ziemlich offensichtlich: Er ist dafür verantwortlich, daß du zuviel ißt, zuviel rauchst oder zuviel trinkst und dich hinterher mit Reue und Schuldgefühlen überhäufst. Er sorgt dafür, daß du Dinge vergißt, zum Beispiel deine Schlüssel oder deine Tennisverabredung. Oder was noch komplizierter ist, er bringt dich dazu, daß du Angst hast, etwas zu vergessen, daß du jedesmal, wenn du aus dem Haus gehst, dich vorher versichern mußt, daß du Schlüssel und Geldbeutel bei dir hast, obgleich du sie noch nie vergessen hast. Wenn du bummeln gehst, um dir etwas Schönes zu leisten und es dann hinterher bereust, weil du zuviel Geld ausgegeben hast, dann macht er sich in den Vorwürfen bemerkbar; wenn du bei Einladungen zuviel Alkohol trinkst, obgleich du weißt, daß du dann wahrscheinlich Sachen sagen wirst, die du später bereust, oder wenn du erst gar nicht zu Parties gehst, weil du denkst, daß du doch nur allein herumstehen wirst, dann ist er auch dafür verantwortlich. Dein böses Ich ist zum Beispiel auch dann aktiv, wenn du den Verkäufer nicht damit belästigen magst, dir doch noch ein anderes Hemd zu zeigen, oder Angst hast, den Busfahrer zu bitten, doch an deiner Ecke zu halten. Manche Tage macht es dich so ungeschickt, daß du es nicht schaffst, durchs Zimmer zu gehen, ohne zu stolpern oder etwas fallen zu lassen. Es ist da, wenn du nicht damit aufhören kannst, dir die Schuld für etwas zu geben, was schiefgelaufen ist, wenn ein Vorfall, den man am besten vergißt, dir immer wieder im Kopf herumgeht. Es läßt dich unmögliche, provozierende Dinge sagen und zwingt andere dazu, dir zuzustimmen: «Ich weiß, daß ich dir egal bin, denn wenn du dir etwas aus mir machtest, dann wärest du rechtzeitig zum Essen nach Hause gekommen.» Es ist der Quälgeist, der dich einem Menschen, den du liebst, die kalte Schulter zeigen läßt, weil man dir angeblich irgend etwas angetan hat. Er ist Schuld, wenn du dann später diesen selbst geschaffenen Abstand als Beweis dafür ansiehst, daß dich der andere nicht liebt. Wenn du an der Liebe eines Menschen zweifelst und dich zurückziehst, dann hat der Quälgeist seine Finger im Spiel. Wenn sich dann dieser Mensch als Antwort auf dein Verhalten auch zurückzieht, dann fühlt sich dein böses Ich als Sieger. Du bist vielleicht irgendwie erleichtert, aber du hast eine weitere Schlacht verloren.

Wenn etwas Wichtiges oder Angenehmes anscheinend nie in Angriff genommen wird, dann hat der Quälgeist wahrscheinlich Schuld. Wenn du immer wieder von deinen Fähigkeiten und Leistungen enttäuscht wirst, dann möchte das böse Ich vielleicht einfach nicht, daß du mit ihnen zufrieden bist. Wenn du schon ein großes Haus mit Schwimmbad und zwei Autos besitzt, Mitglied in den renommiertesten Klubs und gerade befördert worden bist, du für all das aber eine vielversprechende Karriere als Pianist oder Möbelschreiner aufgegeben hast, dann hat dich dein böses Ich vielleicht schon sehr weit in die Irre geleitet. Vielleicht bist du eine attraktive Frau, die zwar viele Männer kennenlernt, aber doch nie ihren «Traummann» findet und deshalb einer Beziehung gar keine Chance gibt; vielleicht sorgt auch hier der Quälgeist dafür, daß du diese Beziehung nicht findest, nach der du dich doch angeblich so sehnst.

Oder vielleicht bist du ein Mann, der seine Frau zwar sehr liebt, aber vor der Intensität seines Gefühls erschrickt. Deshalb fängt er Liebeleien mit anderen Frauen an, die zwar den Druck etwas vermindern, den die Intensität seiner Liebe zu seiner Frau ihm auferlegt, ihn aber auch das Risiko laufen lassen, sie zu verlieren, wenn sie seine Untreue merkt.

Wenn du dich gerade gut amüsierst und plötzlich ein Gefühl der Panik bekommst, wenn du gerade voller Begeisterung Pläne schmiedest und plötzlich von Zweifeln befallen wirst, dann liegt dein böses Ich auf der Lauer.

Wie ist es? Nimmt es allmählich Gestalt an?

Wo finde ich mein böses Ich?

Wo finden wir Hinweise dafür? Wir müssen uns auf den inneren Dialog konzentrieren, auf die ständige Unterhaltung, die in uns stattfindet. Darin ist alles enthalten. Wir müssen diese Unterhaltungen in uns nur aufzeichnen, und schon wird das böse Ich deutlich.

Ja, aber genau das ist der Haken. Das Eindringen in diese komplizierten und undeutlichen Unterhaltungen ist so, als wolle man das Geheimnis des Rubik-Würfels mit einer Binde vor den Augen lösen. Erst kommt es uns so vor, als müßten wir ja nur aufschreiben, was da gesagt wird, bis wir merken, wie schnell all diese Gedankenfetzen in unserm Hirn herumschwirren und wie verwirrend sie sind. Das einzige, was ein Mensch in einer Psychoanalyse machen soll, ist das auszusprechen, was ihm gerade einfällt, freie Assoziationen zu machen, um auf diese Weise den Quälgeist zu entlarven. Aber jeder, der das schon einmal versucht hat, sei es formell oder informell, in einer Therapie, mit einem Freund oder allein, weiß, wie schwer diese inneren Stimmen zu fassen sind. Es gibt so viele, sie reden so schnell, sie widersprechen sich, sie schreien, sie nuscheln. Und irgend etwas scheint wie ein schrecklicher, unbarmherziger, autoritärer Diktator darauf aus zu sein, ihre Botschaften zu beschneiden oder undeutlich zu machen. Träume und Wunschvorstellungen lösen sich in nichts auf. Da kann man leicht entmutigt werden.

Aber ganz langsam können wir Zugang zu unserem widerstrebenden Unterbewußtsein finden und diese Stimmen stärken. Und in dem Maß, in dem wir langsam vorankommen, gewinnen wir auch Mut und Stärke für die nächste Enthüllung und werden immer sicherer, daß die Gefahren, die wir erwartet hatten, nur in unserer Einbildung existieren, daß uns unser neues Wissen eher frei macht.

In Kapitel 10 werden Techniken und Methoden behandelt, durch die wir unserem bösen Ich auf die Schliche kommen können, Übungen, die uns dabei helfen, uns auf die innere Diskussion zu konzentrieren. Arbeite dich also jetzt durch die folgenden drei Kapitel durch, beantworte die Fragen, wenn möglich, und laß durch die Beispiele und Anekdoten noch eigene Fragen und Gedanken auftauchen. Du wirst sehen, welche Fragen schwer zu beantworten sind und welche Übungen dir vielleicht dabei helfen können, es dann doch zu schaffen.

Gib deinem Quälgeist einen Namen

Wenn du Kontakt mit deinem bösen Ich aufnehmen willst, dann mußt du ihm als erstes einen Namen geben, damit du es direkt ansprechen kannst, damit du eine konkrete Vorstellung von ihm bekommst. In diesem Buch nennen wir das böse Ich unseren Quälgeist, weil es so unseren Vorstellungen am nächsten kommt. Für uns, die Autoren, ist es ein arroganter Wichtigtuer, der so tut, als ob er mächtig und bedeutend sei, und der nichts besseres zu tun hat, als nur Unruhe zu stiften. Jemand anderes sieht das böse Ich vielleicht als Monster, als widerlichen Kerl, als albernen Heini, als Spielverderber, als Trottel, Dummkopf, bösen Riesen, Schmarotzer, als Tyrannen oder Diktator.

Versuch dir dein böses Ich vorzustellen. Laß deiner Vorstellungskraft eine Weile freien Lauf und versuche, dir ein Bild von ihm zu machen. Ist es ein Teufel? Ist es ein Geist? Lauert es dir als Verbrecher an der nächsten Ecke auf? Ist es ein redegewandter Schwindler? Ist es ein Bösewicht aus einem Stummfilm, der seinen Schnurrbart zwirbelt? Nimmt das böse Ich die Form eines gefährlichen, manipulierenden Frauenzimmers an, eines streitsüchtigen, muskelprotzigen Polizisten? Ändert sich das Bild je nach Umständen? Wie spricht es zu dir? Flüstert es, beschimpft es dich, bedroht es dich mit Gewalttätigkeiten oder zukünftigem Versagen? Hat das böse Ich immer eine zuckersüße, sanfte Stimme oder treibt es dich immer nur zu mehr Arbeit an?

Hast du dich heute schon beschimpft? Hast du dich vielleicht Dummkopf, Blödmann, hoffnungsloser Fall oder hirnlos genannt? Hast du dich selbst angeschrien mit: «Was ist denn bloß mit mir los?» Oder: «Warum schaffe ich das nicht schneller?»

Denke nur an einige der Streiche, die dir dein Quälgeist in letzter Zeit gespielt hat. Bist du seinetwegen zu spät gekommen? Hast du dich mit einem Freund gezankt, eine vorschnelle Entscheidung gefällt? Hast du seinetwegen an der Zuneigung eines Menschen gezweifelt?

Sieh zu, daß dein böses Ich nicht so vage bleibt. Stelle es dir so genau wie möglich vor. Mit der Zeit lernst du es besser kennen und kannst es dann noch detaillierter beschreiben. Für den Augenblick versuche mit allen Mitteln, die dir zur Verfügung stehen, so genau wie möglich zu bezeichnen, was das böse Ich für dich bedeutet. Zur Not kannst du es nach einer Fernseh- oder Filmpersönlichkeit benennen, an die es dich erinnert: Wie ist es mit Peter Lorre in «M» oder dem Joker in «Batman» oder Darth Vader aus «Der Krieg der Sterne»? Scheint es der Hexe aus Hänsel und Gretel zu ähneln? Und wenn dir absolut nichts einfällt, dann nenne es einfach Joe oder benutze denselben Namen wie wir: Quälgeist.

Weitere Strategien

In den nächsten Wochen versuche dich nur immer wieder selbst daran zu erinnern, daß du deine Antennen auf Empfang stellst, aufnahmebereit bist. Versuche alles, was dir durch den Kopf geht, festzuhalten, zufällige Gedanken, Ausdrücke und Satzfetzen. Werde dir bewußt, wann du in den Tag hineinträumst und versuche zu erinnern, was dir dabei durch den Kopf geht. Bemühe dich bewußt, zu verschiedenen Zeiten auf die innere Diskussion zu achten, besonders in ganz bestimmten Situationen: wenn du dich an die Arbeit setzt zum Beispiel, wenn du deinen Ehepartner oder einen Freund anrufst, wenn du morgens dich zum erstenmal im Spiegel erblickst oder wenn du die Kühlschranktür öffnest. Auf zwei Aspekte der inneren Diskussionen sollte man besonders achten: einmal auf Träume, und da auf jedes kleinste bißchen, an das du dich erinnern kannst; und dann zweitens auf bestimmte Handlungen, auf ein besonders ungewöhnliches oder unbeabsichtigtes Verhalten.

Rege deine Stimmen zu *Diskussionen* an. Selbst wenn du nicht richtig mitbekommst, was da vor sich geht, erlaube den Stimmen, sich so auszuquatschen, wie sie nur wollen und versuche sie dabei so wenig wie möglich einzuschränken. Auf diese Weise gewöhnt man sich daran, die Stimmen sprechen zu lassen. Du läßt dein inneres Selbst wissen, daß du zum Zuhören bereit bist. Du gibst den Stimmen Glaubwürdigkeit. Gib dir außerdem mehr Zeit zum nur so Vor-dich-hin-Träumen, beziehungsweise mache dir bewußt, wann du Tagträume hast. Rede dir ein, daß du dich auf das nächtliche Träumen freust und versuche, dich dann an den Traum zu erinnern; selbst ein Bruchteil am nächsten Morgen ist nützlich. Öffne dein Inneres allen deinen Stimmen, werde ein Forum für sie, wo jeder reden darf.

Führe von Anfang an eine Art *Tagebuch*, wo du alles über deinen Quälgeist aufschreibst. Das muß nicht besonders ausführlich sein. Schreibe auf, was du kannst und wie du es kannst und Zeit hast, besonders Träume, Stichworte über den Quälgeist, wann und wo er zum Vorschein gekommen ist, besonders aktive Perioden, Schlagworte, wiederholte Streitpunkte. Am besten ist es natürlich, wenn man sofort jede Kleinigkeit der inneren Unterhaltungen aufschreibt. Aber selbst, wenn man sich nur am Ende des Tages fünf Minuten Zeit nimmt und die Erfahrungen mit dem bösen Ich aufschreibt, dann ist das schon ein guter Anfang. Notiere selbst Kleinigkeiten, die dir unwichtig erscheinen. All das wird dir dabei helfen, am Ende von Kapitel 9 den Quälgeist-Alarm-Bericht auszufüllen. Hier ein paar Beispiele aus den Aufzeichnungen von Teilnehmern unseres Kurses: DAS BÖSE ICH

Diskussion:
Es ist jetzt 11 Uhr, und der Vormittag ist vorbei. Ich kann genausogut diese beiden Zeitschriften lesen, einen Bissen essen und dann mittags mit der Arbeit an diesem Kapitel anfangen.

Aber du hast doch schon eine Stunde lang die Papiere auf deinem Schreibtisch hin und her geschoben. Wenn du etwas tun würdest und sei es nur eine Stunde lang, dann würdest du dich so erleichtert fühlen.

Ich werde ja arbeiten. Wenn ich um 12 anfange, dann kann ich doch noch gut und gerne meine 5 oder 6 Stunden arbeiten.

Du kannst doch jetzt eine Stunde lang arbeiten und danach zur Belohnung etwas zum Mittag essen und die Illustrierten lesen.

Aber ich weiß nicht, was ich schreiben soll. Wenn ich die Zeitschriften durchblättere, dann bekomme ich vielleicht Ideen.

Du weißt selbst, daß das nicht funktioniert. Je länger du es aufschiebst, um so mieser fühlst du dich. Das alte Angstgefühl meldet sich dann wieder. Du kannst dem entkommen, wenn du nur schreibst, irgend etwas, es muß ja nicht perfekt sein.

Warum sollte ich nur um des Schreibens willen schreiben? Das ist doch Zeitverschwendung.

Das stimmt nicht. Es bringt dich in die richtige Stimmung, und du hast dann etwas in der Hand, womit du weitermachen kannst.

Traum:
Die Geschäftsfrauen aus meiner Abteilung hatten bei mir eine Versammlung. Ich war noch nicht fertig, konnte einfach nichts zum Anziehen finden. Eine nach der anderen kam ins Haus, und alle warteten geduldig im Wohnzimmer. Es war mir unangenehm, daß ich nicht einmal Kaffee gemacht hatte. Eine Versammlung am Morgen. Es gab Gewinne, zwei: eins war ein Album mit Plastikseiten, kleiner und dünner als meine Fotoalben, und das andere war eine Schachtel mit bemalten, gläsernen Kerzenhaltern. Ich wollte beides nicht. Bekam beide. unterhielt mich mit einer der Frauen darüber. Ich versuchte, etwas Künstlerisches mit den Kerzen zu machen – aus rotem Wachs –, eine neue Verwendungsart.

Tagtraum:
Ich zeichne draußen, es ist schwül, aber ich habe es sehr bequem. Habe einen guten Zeichentisch, viele Zeichenutensilien, es weht kein Wind.

Rief meine Eltern heute an und wählte aus Versehen erst die Nummer meines Freundes. Ich sitze an meinem Schreibtisch, und eine Stimme sagt: Wenn Alice dich wirklich liebte, dann hätte sie darauf geachtet, daß du den Termin nicht versäumst.

Eine andere Stimme: Was Alice wohl jetzt macht?

Traumfragment:
Ein Pferd trabt eine Straße in einer Stadt hinunter, von mir fort, im Schatten, ich kann den Reiter nicht erkennen.

Heute machte ich mir mehrmals Vorwürfe deshalb, weil ich die nasse Wäsche über Nacht in der Maschine ließ.

Ich habe heute wieder keinen Termin mit dem Zahnarzt ausgemacht.

Ich stellte fest, daß die Ausstellung, die ich im Kunstmuseum sehen wollte, gestern ihren letzten Tag hatte.

Tagtraum:
Alice und ich gehen Hand in Hand den Weg hinter den Scheunen entlang.

Geistesverfassung:
Chaos. Nicht fähig zu entscheiden, was ich mit dem Morgen oder Nachmittag anfangen soll: Gymnastik, Wohnung säubern, Fest vorbereiten, Film ansehen, Strand gehen, mehrere Artikel oder längst fällige Bücher lesen oder schlafen. Versuchte, nach dem Essen zu schlafen, konnte mich nicht entspannen. Nach einer Weile innerer Diskussion zwang ich mich dazu, ein paar Stunden zum Turnen zu gehen. Wie ich mich während der Diskussion selbst nenne: ingelligent, faul, egoistisch, selbstlos, nett, lahm, dumm, schüchtern, niedlich, naiv, erschöpft, müde.

Traum:
Ein Nazigeneral schubst mich in ein großes, blaues Schwimmbecken. Sobald ich an eine Seite schwimme und versuche herauszuklettern, stoßen mich etliche Leute, die da stehen, wieder zurück. Der General, der eine Uniform trägt, zieht mich in die Mitte des Beckens und drückt meinen Kopf unter Wasser. Ich kann gerade noch entkommen, und das Ganze fängt von vorne an. Ich kann nie ganz entkommen, aber ertränkt werde ich auch nicht.

Innere Diskussion:
Eifersucht, weil einer meiner Freunde mit einem anderen spricht. Ich komme mir übergangen vor und möchte seine Handlungen bestimmen können, möchte, daß er sich so verhält, wie ich es will. Und doch weiß ich, daß ich in kurzer Zeit eine solche Freundschaft sehr langweilig finden würde. Es gäbe da ja keine Weiterentwicklung.

Traum:
Beobachte eine Szene, wo eine junge Frau wegen eines Werbefilms vorspricht. Es geht da um Parfumwerbung, und sie zieht Männer sowohl wie Frauen mit ihrem betörenden Duft an. Später ist das Mädchen zu Hause und spricht mit ihrer Mutter. Sie ist so froh, daß sie die Rolle in dem Werbefilm bekommen hat, hat aber Angst, was ihre Freunde davon halten, weil das Ganze etwas gewagt ist.

Innere Diskussion:
Bild von mir selbst. Verändert sich hin und wieder, je nach Personen, mit denen ich gerade zusammen bin. Bei der Arbeit: ruhiger, fleißiger Mensch; mit einigen: der zufriedene, sorglose, gute Kerl. Mit dem Vorgesetzten: hart arbeitend, ernst, eifrig, einer, der alles für die Firma tut. Noch eine Rolle: ein etwas verrückter, unberechenbarer aber sympathischer junger Mann. Im Sportverein: entweder Einzelgänger oder Witzemacher. Mit meinen Eltern: immer noch der Sohn, der um Rat fragt. Mache mir Gedanken um mein Aussehen: habe Angst, daß mir das Haar ausfällt. Habe mich sportlich betätigt, bin gejoggt, habe Gewichte gestemmt und darauf geachtet, was ich esse. Scheint ein langsamer Prozeß zu sein. Werde auf mich selbst ärgerlich, weil ich mich nicht beherrschen kann und immer noch wertloses Zeug esse, leere Kalorien. Ich bezeichne mich als schlampig, schwach, faul, häßlich.

Traum:
Bin in meiner Heimatstadt und wandere durch Keller und Boden einer Kirche. Es ist sehr dunkel und riecht muffig. Ich sehe ein paar Stühle und Grabkränze, die im Keller aufbewahrt werden und habe Angst. Auf dem Boden verlaufe ich mich und kann den Ausgang nicht finden. Ich gehe immer weiter und bin schließlich hinter einer großen Orgel. Ich kann die Musik hören und auch die Kirchengemeinde vor mir sehen; sie sehen mich aber nicht. Ich fürchte mich.

Geistesverfassung:
Chaos. Werde zu spät zur Verabredung kommen; welches Hemd soll ich anziehen, brauche ich ein Jackett, wo sind die Schlüssel? Wo gibt es denn das billigste Benzin möglichst in der Nähe? Wo zum Teufel ist meine Brieftasche? Ruhig Blut! Du kommst zu spät, na und? Du kommst eben zu spät. Mach dich nicht verrückt deshalb!

Innere Diskussion:
Mitarbeiterin im Büro wird für ein Projekt gelobt, an dem wir beide gearbeitet haben. Ich warte ab, lasse sie sich im Ruhm sonnen und halte mich zurück, als ob ich gar nicht geholfen hätte. Ich bin mir sogar nicht sicher, ob unser Vorgesetzter weiß, wieviel Arbeit ich da auch hineingesteckt habe. Ich ärgere mich über mich selbst, daß ich nichts sage,

aber ich weiß nicht, wie ich es ihm taktvoll beibringen kann, daß ich auch etwas Anerkennung verdient habe. Da bin ich lieber auf meine Kollegin böse, daß sie nichts von sich aus sagt. Ich komme mir richtig blöde vor, daß ich mich nicht behaupte. Ich merke, daß ich diesen Groll nur in mich hineinfresse, obgleich ich doch weiß, daß ich etwas sagen sollte. Ich ärgere mich über mich selbst. Habe Angst vor einer Konfrontation, denke, vielleicht ist es ja nicht wichtig. Gebe wieder nach.

Traum:
Streite mich mit guten Freunden aus meiner Heimatstadt. Zuerst nur mit Worten, dann geht die Frau mit ihren Fingernägeln auf mich los. Ich will sie nicht schlagen, aber wenn sie nicht damit aufhört, muß ich es zu meiner eigenen Verteidigung tun. Dann hält mich der Mann fest, will mich zu Boden werfen und schlagen. Er ist stärker als ich, und ich weiß, daß er gewinnen wird. Ich will ihn auch nicht schlagen, so wehre ich mich und versuche loszukommen. Das scheint stundenlang so weiterzugehen. Ich möchte wirklich von seinem Griff loskommen, möchte von diesen beiden fortlaufen, ich habe das Gefühl, daß mir das Herz bald bricht. Schließlich weckt mich der Wecker.

Was geht da in uns vor?

Welchen Eindruck hast du von diesen inneren Unterhaltungen? Sind die Stimmen ausweichend? Undeutlich? Hast du Zeit gefunden, ihnen regelmäßig zuzuhören? Wunderst du dich über ihre Vielzahl und unterschiedlichen Aussagen? Über die Widersprüche und Machtkämpfe?

So sind wir Menschen nun einmal: ein Maschenwerk, manchmal ein verworrenes, aus Stimmen und Meinungen zusammengestrickt. Statt von der verwirrenden Vielzahl entmutigt zu sein, sollten wir uns darüber freuen, daß unser Innenleben so vielfältig ist, wir so viele Möglichkeiten und Vorstellungskräfte zur Verfügung haben – wenn wir sie nur irgendwie in den Griff bekommen können! Wir sind gar nicht so langweilig, wie wir befürchteten.

Die inneren Stimmen können eine positive Macht sein: Wir sollten sie dazu ermuntern, ihre Meinung zu sagen, uns an ihrem Geplapper, ihrem Debattieren ergötzen und diesen aktiven Dialog als ein Mittel akzeptieren, um uns kennenzulernen und dann die eigenen Probleme lösen zu können.

8. Wer spricht denn da?

Wenn man auf der Suche nach dem bösen Ich ist, sollte man zu Anfang die inneren Unterhaltungen abhören, damit man feststellen kann, wer wann spricht, damit man jede Stimme und ihre Eigenschaften benennen kann. Wenn wir die eine Stimme von der anderen unterscheiden können, dann sind wir schon mitten drin im Prozeß des Bewußtmachens, was uns befähigen wird, uns mit dem bösen Ich fair und direkt auseinanderzusetzen.

Einige der Stimmen wirst du gleich zu Anfang identifizieren können. Das sind die, die immer ihren Senf dazugeben, egal, ob es um dein Aussehen geht, deine Eßgewohnheiten oder dein Liebesleben. Andere lassen nur selten von sich hören, nur bei ganz besonderen Gelegenheiten, zum Beispiel in einer Krisensituation, etwa zu Weihnachten oder bei anderen Familienfesten oder wenn du endlich einmal einen Tag ohne die Kinder verbringst.

Sei darauf vorbereitet, daß du das Beweismaterial gegen das böse Ich nur langsam zusammentragen kannst, indem du aufschreibst, wann du das böse Ich registrierst und was es sagt. Zur Zeit sollst du nur zuhören, beobachten und aufschreiben. Später kommen dann die Interpretation, die Analyse und das Verhaltenstraining, wie du nämlich mit dem bösen Ich umgehen kannst.

Denke immer daran, daß es normal ist, viele verschiedene Stimmen und sich widersprechende Meinungen in sich zu tragen, Stimmen, die alle versuchen, sich gegenseitig zu übertrumpfen. Es ist ein Irrglaube, daß man zielstrebig nur mit einem Gedanken vorwärtskommen kann; wir alle haben eine Vielzahl von Gedanken in unserem Kopf. Es gibt nichts, was nicht viele verschiedene Überlegungen in uns hervorrufen würde, die sich manchmal überschneiden, aber oft auch absolut konträr sind. Manchmal sind die Stimmen so verwirrend, oft überschreien sie einander und bringen uns dermaßen durcheinander, daß wir in uns nur ein großes Chaos fühlen.

Bei jedem ist die Anzahl der Stimmen verschieden; die Zeitpunkte, an denen sie sich hören lassen, die Sprechweise und die Macht, die sie zur Verfügung haben, ist bei jedem Menschen anders. Um den Umgang mit unserem bösen Ich zu erlernen, müssen wir versuchen, jede Stimme zu identifizieren, die an den Unterhaltungen teilnimmt und feststellen, wann sie was sagt. Erst dann können wir sie, wenn nötig, aktivieren, nur dann können wir ihr widersprechen. Erst dann können wir versuchen, die innere Machtstruktur neu zu ordnen.

Im folgenden beschreiben wir eine Reihe von Stimmen, wovon jede einen anderen Aspekt der inneren Vorgänge repräsentiert. Jede unterscheidet sich von der anderen in Macht und Einfluß.

Aus unseren Beschreibungen wird deutlich, daß sich alle *feindlichen* Stimmen in einer Beziehung ähneln: sie wollen, daß du da bleibst, wo du bist, daß der Status quo erhalten bleibt. Sie sind nur an ihrer eigenen Sicherheit interessiert. Und was haben deine *verbündeten guten* Stimmen gemeinsam? Sie wollen Bewegung, Weiterentwicklung, Ermutigung und Veränderung. Feindliche Stimmen suchen Versagen, verbündete Erfolg. Feindliche Stimmen sagen: «Halt!», verbündete dagegen: «Nur zu!» Du wirst vielleicht nicht jede der hier beschriebenen Stimmen als Mitglied deines eigenen inneren Parlaments erkennen. Aber die Beschreibungen werden dir dabei helfen, einige deiner eigenen Stimmen zu identifizieren oder werden dich an andere erinnern, die hier vielleicht nicht beschrieben sind. Unsere Stimmen haben vielleicht alberne Namen und sind überdeutlich gezeichnet, damit du sie leicht erkennen kannst. Deine eigenen können von diesen hier abweichen oder eine Mischung aus mehreren sein; vielleicht passen auch die Bezeichnungen nicht. Diese verkürzten Beschreibungen sollen dir den Anfang erleichtern, wenn du deine Stimmen unterscheiden und aufzählen willst. Füge dieser Liste alle die hinzu, die für dich wichtig sind. Vergiß nicht, sie zu benennen, und zwar so zutreffend wie möglich. Dann kannst du auch besser mit dem Finger auf sie zeigen und ihnen deutlich Widerstand entgegensetzen.

Feindliche Stimmen

Der Spielverderber

Diese Stimme hat in der Gruppe die Funktion der kalten Dusche. Man kann sich darauf verlassen, daß sie immer dann auftaucht, wenn man sich besonders gut amüsiert – zu gut, meint sie. Diese Stimme ist ein Miesmacher. Wenn du dich in den Ferien endlich einmal von deinem hektischen Alltag erholen willst, dann erinnert sie dich an Dinge, die du vergessen hast zu erledigen, oder sie beschreibt dir in grellen Farben all das, was du nach deiner Rückkehr tun mußt, oder sie impft dir Angst ein: was, wenn das Haus abbrennt, wenn eingebrochen wird oder die Rohrleitung bricht? Wenn du dich bei einem netten Zusammensein mit Freunden endlich einmal entspannst, dann wirst du plötzlich von einem Angstgefühl heimgesucht, wie eine Vorahnung von einem unbestimmten, entsetzlichen Unglück. Wenn man dich befördert, dann meldet sich der Spielverderber mit allerlei Gründen, warum du die Beförderung eigentlich nicht verdient hast. Wenn du bei einem Wettkampf erster bist, eine schwierige Aufgabe erfüllt hast, dich mit einem neuen Freund so richtig gut fühlst, immer dann, wenn alles gerade so gut läuft, kommt der Spielverderber und ruiniert alles.

Der Faule

Der Faule hat immer viele gute Argumente zur Hand, warum du deinen Verpflichtungen nicht nachkommen mußt. «Ach was», sagt er, «du hast etwas Erholung verdient.» Und so schiebst du die Arbeit, die du tun mußt, auf die lange Bank. Wenn du es irgendwie einfach nicht schaffst, den versprochenen Artikel zu schreiben oder die Telefonanrufe zu erledigen oder die Gartenarbeit zu machen oder das Haus zu putzen, dann hat der Faule seine Hand im Spiel. Er überzeugt dich, daß du ja so schlau bist und die Arbeit ganz schnell schaffen wirst, oder daß du doch so beliebt bist, daß es niemandem etwas ausmachen wird, wenn du dich deinen Verpflichtungen entziehst. Das Leben ist doch schön! Du gehst bummeln oder spielst Golf oder vertiefst dich in Zeitschriften, bis der Abgabetermin plötzlich da ist, bis es dir plötzlich klarwird, daß du dir deine Beförderung selbst verdorben hast, daß deine Familie und deine Freunde sich von dir abwenden, weil du nicht deinen Teil getan hast. Der Faule hat eine verführerische Stimme und dreht Dinge so, daß du nicht das erreichst, was du könntest.

Der Zweifler
«Das schaffst du doch nie!» «Du hast dir zuviel vorgenommen!» «Das ist einfach zu schwierig für dich!» Der Zweifler hält sehr wenig von deinen Fähigkeiten. Es ist ein reines Wunder, daß du einen Tag durchstehst, ohne einen entscheidenden Fehler zu machen. Es ist ein reines Wunder, daß du überhaupt Freunde hast, daß du die Stelle noch nicht verloren hast. Diese Stimme beruft sich auf Vorsicht und Vernunft und wird dich davon abbringen, irgend etwas Neues zu wagen, denn «es ist doch einfach zu viel für dich» und «ich will doch nicht, daß du dir weh tust». Wenn du immer nur auf diese Stimme hörst, dann wirst du dich nur auf dem gleichen Fleck bewegen, wirst Angst haben, irgend etwas Neues auszuprobieren – und sei es auch nur ein ausgefallenes Gericht auf der Speisekarte.

Der Pessimist
Diese Stimme spricht von Finsternis und Untergang; ihre schrecklichen Vorhersagen und Nachrichten scheinen aus einem tiefen, trostlosen Abgrund zu steigen. Sie glaubt nicht, daß eine Sache oder eine Person jemals Erfolg hat. «Du wirst nie aus den Schulden herauskommen. Dein Sohn wird wahrscheinlich von der Schule fliegen und als Taugenichts enden. Wahrscheinlich wird nächstes Wochenende, wenn du zum Skifahren fährst, kein Schnee liegen. Der Bus wird Verspätung haben. Die neuen Nachbarn werden sicher langweilig sein. Dir wird der Film nicht gefallen.» Nicht nur, daß der Pessimist dir deine wohlverdienten Freuden in deinem Leben fortnimmt, er liefert dir außerdem noch die Entschuldigung dafür, daß du gar nichts tust, daß du nichts versuchst, daß du dich nicht kümmerst, daß du mit nichts rechnest, daß du erst gar nichts willst.

Der Genußsüchtige
Anfangs kommt dir diese Stimme wie ein guter Freund vor. Sie will immer nur, daß du von allem mehr bekommst: mehr zu essen und zu trinken, noch eine Party, vielleicht ein paar entspannende Drogen, noch mehr Kleidung, mehr Spaß. Der Genußsüchtige wird dich nicht

dazu ermutigen, deiner Diät treu zu bleiben; leichtsinnig treibt er dich immer nur zu neuen Vergnügungen. Du kannst ja immer morgen alles wieder aufholen! «Und warum soll man bei einer Party nicht ein bißchen was trinken? Schließlich ist es Wochenende, und man hat die ganze Woche geschuftet. Wenn deine Freunde das nicht mögen, dann eben nicht, sie sind sowieso solche Langweiler, sie wissen eben nicht, wie man sich amüsiert. Rauchen? Es entspannt dich eben, du hast dich daran gewöhnt, du wirst dich doch nicht von dieser sentimentalen Propaganda einschüchtern lassen?» Der Genußsüchtige hat den Arm um deine Schultern gelegt und sagt dir immer wieder, was für ein toller Kerl du bist. Es ist eine hinterlistige Stimme, schwer zu ertappen, und man kann ihr noch schwerer widersprechen.

Der Tolpatsch
Du machst immer alles verkehrt. Du verschläfst. Läßt den Deckel der Zahnpastatube fallen. Du verbrühst dich in der Dusche. Du verschüttest deinen Kaffee. Dir fehlt das Kleingeld für den Bus. Du fegst das Telefon vom Schreibtisch. «Was ist denn los? Hast du eine wichtige Verabredung zum Mittag? Wolltest du nicht heute wegen einer Gehaltserhöhung beim Chef vorsprechen? Kommt ein Abgabetermin auf dich zu?» Der Tolpatsch wird dafür sorgen, daß du dich besonders ungeschickt und unfähig fühlst, und zwar gerade dann, wenn alles eigentlich ganz ordentlich lief, gerade dann, wenn du in Hochform sein solltest.

Der Folterer
Er ist ein richtiger Schurke. Auch wenn du schon genug Probleme hast, wenn du dir selbst schon genug Steine in den Weg legst und völlig zerknirscht bist, wenn etwas falsch läuft, der Folterer kann immer noch mehr Unglück auf dich häufen. Hier haben wir die Stimme, die dir keine Ruhe läßt, wenn du etwas falsch gemacht hast, auch wenn es noch so eine Kleinigkeit ist. Es kann etwas so Harmloses sein wie vergessen zu haben, das Licht auszuschalten, wenn du das Haus verläßt. «Wie konntest du das nur tun? Kannst du denn nicht erst denken und dann handeln? Meinst du, Elektrizität wird umsonst geliefert? Hast du noch nie etwas von der Energiekrise gehört? Wie egoistisch von dir!» Gott behüte, daß du dir etwas Schwerwiegenderes zuschulden kom-

men läßt: Der Folterer wird dir das jahrelang immer wieder vorhalten, wird immer wieder Salz in die Wunde streuen. Diese Taktik ist sehr wirksam, schwächt garantiert deine Selbstachtung und läßt dich Schlaf verlieren wegen unlösbarer, längst vergangener Vorfälle, während du dich doch mit etwas Konstruktivem beschäftigen könntest.

Der Verweichlicher
Auch diese Stimme scheint im ersten Moment zu den Freunden zu gehören. Sie sorgt wie eine Glucke für dich, meint, daß du es dir doch nicht so schwermachen solltest, nicht soviel arbeiten und nicht über Dinge nachdenken solltest, die dich doch nur durcheinanderbringen oder stören würden. Der Verweichlicher wird dich verwöhnen, wird dir zureden, doch mit dem bißchen Kopfweh zu Hause zu bleiben, hat immer Entschuldigungen für dein Verhalten bereit. Unglücklicherweise will der Verweichlicher aber nur, daß du schwach und abhängig bleibst und redet dir deshalb zu, doch lieber keine Verantwortung zu übernehmen und Aufgaben aus dem Weg zu gehen, die du lieber annehmen solltest.

Der Miesmacher
Diese Stimme macht deine sämtlichen Vorhaben und Leistungen schlecht. «Du hast dich also schließlich aufgerafft und hast Albert gesagt, daß er sich an der Hausarbeit beteiligen soll, na und? Das hättest du schon längst tun sollen.» – «Warum um Himmels willen willst du bloß eine Schauspielschule besuchen! Du wirst verhungern, es wird Jahre dauern, bis du vielleicht einmal eine Rolle bekommst. Du bist nicht gerade eine Naturbegabung!» «In deinem Alter solltest du wirklich mehr verdienen!» – «Nancy wird dich nicht leiden mögen, wenn du dieses Hemd anziehst.» – «Das nennst du ein Soufflé?» – «Warum verschwendest du deine Zeit mit diesem nutzlosen Hobby?» Der Miesmacher sorgt dafür, daß du auf deine Fähigkeiten selten stolz bist und daß du das Interesse daran verlierst, etwas Neues zu wagen.

Der Angsthase
Dieser Typ hat vor allem Angst; Angst, daß du krank werden könntest, daß du hinfällst; er will nicht, daß du die lange Autofahrt unternimmst. Er hat Angst, daß es regnet, hat Angst, das neue Haus zu

kaufen, da es ja im Wert fallen könnte, hat Angst, eine Verabredung mit einer neuen Person zu treffen. Er hat Angst vor einem Krieg. Wenn du auf seine Stimme hörst, dann kannst du eigentlich nur immer ängstlicher werden und am liebsten immer nur zu Hause bleiben.

Der Liebeskiller

Diese Stimme macht uns große Schwierigkeiten. Nicht nur, daß sie dafür sorgt, daß du an der Zuneigung anderer zweifelst und glaubst, daß man dich womöglich nicht mehr mag, sondern sie ist häufig dafür verantwortlich, daß diese Ängste sich auch bewahrheiten. Diese Stimme stellt immer wieder in Frage, ob dich deine Freunde auch wirklich mögen, findet immer wieder Beweise, daß dich dein Ehepartner nicht mehr so liebt wie früher, daß du deinen Kindern gleichgültig bist, daß die ganze Welt gegen dich ist und daß dein Kollege dich ausschalten will. Die Stimme hat eine solche Überzeugungskraft, daß du dich bald so verhältst, als ob sie die reine Wahrheit sagt. Und dann wirst du dich von deinem Partner abwenden oder den Verletzten und Ausgenutzten vor deinen Kindern spielen, wirst unfreundlicher zu deinem Kollegen sein oder wirst von deinen Freunden einen Beweis ihrer Zuneigung verlangen, prüfst ihre Liebe, erwartest das Unmögliche. Und vielleicht tritt es dann ein, und sie mögen dich nicht mehr so gern!

Der Zauderer

Diese Stimme spielt eine klassische Rolle in dem Stück des bösen Ichs. Es gibt wohl keine bessere, wirksamere Weise, auf der Stelle zu treten, sich nicht entwickeln und vorwärtskommen zu können, als einfach das nicht zu tun, was du tun solltest. Wenn ein Künstler oder ein Schriftsteller sich blockiert fühlt, dann sind das die klassischen Beispiele, die das menschliche Paradoxon deutlich machen. Denn wer ist schöpferischer tätig, an dem Schaffen von etwas Neuem mehr interessiert als der Künstler? Und auf wen hat es das böse Ich mehr abgesehen? Es ist wütend und beunruhigt von deinem Versuch, sich über frühere Grenzen hinauszuentwickeln. Der Zauderer hat viele hinterhältige Methoden; er lenkt dich ab mit unwichtigen Dingen und Vorhaben und kann es so schlimm treiben, daß du stunden- und tagelang vor deiner Arbeit sitzt und nur daraufstarrst, nervös, nahezu gelähmt und zu nichts fähig.

Geld ist so eine Sache . . .

... die einem Sicherheit bieten kann, aber nicht vor jeder Unsicherheit schützt. Geld ist auch keine Versicherung gegen Verunsicherung.

Aber es stärkt einem schon den Rücken und hält einem den Rücken frei, wenn man etwas im Rücken hat.

Regelmäßig etwas auf die hohe Kante legen ist eine Übung, die das Rückgrat stärken kann.

Hilfreiche Stimmen

Der Abenteuerlustige

Wenn du etwas Neues ausprobieren möchtest, wenn du eine Veränderung suchst und etwas genauer untersuchen möchtest, dann steht dir diese Stimme zur Seite. Sie sorgt dafür, daß dich unproduktive Zweifel, grundlose Ängste und zu viele Fragen nicht übermäßig belasten. Der Abenteuerlustige probiert gern Neues auf der Speisekarte aus, lernt gern neue Menschen kennen und macht gern neue Erfahrungen. Er versichert dir, daß Erfolg viele Vorteile und Belohnungen bringt und daß es Spaß macht, etwas zu versuchen. Er ermutigt dich, sich für eine Sache voll einzusetzen, Risiken einzugehen, ob groß oder klein, die dir helfen können, das zu erreichen, was du willst.

Der Tröster

Wenn du Schwierigkeiten hast, wenn du einen Fehler gemacht oder bei irgend etwas versagt hast, dann wird der Tröster dich beruhigen und dir versichern, daß alles mit dir in Ordnung ist. Der Tröster bewahrt dich vor Selbstvorwürfen. Er tut dir Balsam auf die Wunde, wenn du verletzt bist. Er sorgt dafür, daß du auf dich selbst aufpaßt, daß du nicht zu streng mit dir selbst bist, daß du über deinen Kummer hinwegkommst und weitermachen kannst.

Die Vernunft

Es passiert nur allzu leicht, daß man von irgendwelchen dummen Plänen begeistert ist, etwas Verletzendes sagt, zuviel trinkt, unvorsichtig fährt und daß einen gewisse unproduktive Gedanken einfach nicht loslassen. Die vernünftige Stimme bewahrt dich davor, daß du zu extrem reagierst, empfindest und handelst, daß du unvernünftige Schlüsse ziehst oder zu weit gehst. Sie ist dein Sicherheitsnetz, wenn du versucht bist, dich zu weit vorzuwagen und rettet dich vor dem Spott und der Stichelei des bösen Ichs. Die Stimme der Vernunft achtet darauf, was du tust, daß du die richtigen Entscheidungen triffst und versucht, mit gesundem Menschenverstand jene Stimmen zu übertönen, die dich dazu veranlassen wollen, etwas zu tun, was dir schadet, die Stimmen zum Beispiel, die wollen, daß du übergroße Erwartungen an deine Fähigkeiten und Kräfte stellst und dich überschätzt, um nur um so stärker enttäuscht zu werden.

Der gute Freund
Diese Stimme ist dein Kamerad und Vertrauter. Sie versteht dich, will das Beste für dich, hat Verständnis für deine Träume, deine Gefühle und alles, was dich angeht. Ihr vertraust du Alltägliches und große Vorhaben an, sie leistet dir Gesellschaft, wenn du über ein Problem nachdenkst und dich um eine Entscheidung bemühst. Der gute Freund wird Feinden und Kritikern widersprechen, wird dich stützen und dir raten.

Der Optimist
Für den Optimisten ist die Welt in Ordnung, das Leben ist schön und alles wird schon irgendwie klappen. Der Optimist sorgt dafür, daß dich trübsinnige Vorhersagen und negative Einstellungen nicht zu Boden drücken; er läßt dich nicht aufgeben. Diese Stimme hilft dir dabei, daß du eine positive Einstellung zu deiner Arbeit, deinen Freunden, deiner Familie und vor allen Dingen zu dir selbst hast. Er überzeugt dich in schwierigen Zeiten, daß du es schon schaffen wirst und daß sich eine gute Lösung finden wird. Der Optimist läßt dich nicht aufgeben, nur weil die Sache vielleicht schlecht ausgehen könnte, und er setzt sich über Zweifel, schlechte Nachrichten und ungute Vorhersagen hinweg.

Der Fan
In den Augen des Fans bist du etwas ganz Besonderes. Der Fan unterstützt dich immer, sieht all deine guten, starken, positiven Eigenschaften und weist bei jeder Gelegenheit darauf hin: «Du kannst immer soviel von dem behalten, was du liest!» – «Was für einen gesunden Appetit du hast!» – «Deine neue Freundin findet es sicher sehr schön, wenn du für sie Klavier spielst!» – «Du hast wirklich eine enorme Selbstbeherrschung bei dieser Diät!» – «Du bist ja wirklich toll!» – «Wunderbar, daß du die Küche gemalt hast!» Der Fan glaubt an dich und deine Fähigkeiten, und seine Komplimente und Ermutigungen können Zweifel und Kritiken von mächtigen Feinden übertönen.

Der Draufgänger
Der Draufgänger erledigt Dinge, ohne Zögern, ohne Zweifel, ohne lange Überlegung und ohne irgend etwas auf morgen zu verschieben. Ob es darum geht, die Wäsche zu waschen, ein Bild zu malen, für die Prüfung zu lernen, abzuwaschen oder eine neue Karriere als Rockstar zu beginnen, der Draufgänger achtet darauf, daß du auch schaffst, was du dir vorgenommen hast. Diese Stimme unterstützt dich in deinem Ehrgeiz und hilft dir bei der Verwirklichung deiner Vorhaben.

Der Träumer
Dieses ist die schöpferische Stimme, immer voller Ideen, neuen Vorstellungen, wie man etwas anpackt, neuartige Methoden, wilden Phantasien und wunderschönen Tagträumen. Der Träumer läßt dich Dinge in einem neuen Licht sehen, gibt dir den Mut, dich an schwierige Aufgaben zu wagen. Er hilft dir dabei, daß du dich nicht in Kleinigkeiten verzettelst, daß du nicht immer nur an die praktische Anwendbarkeit einer Sache denkst und deshalb deine Pläne nicht weiter verfolgst. Der Träumer sucht neue, andersartige und persönliche Lösungen für Probleme, ob es sich um eine neue Art zu kochen handelt, oder um eine Möglichkeit, wie man nur vier Tage in der Woche zu arbeiten braucht, ob es das Komponieren einer Symphonie ist oder ein Plan, die Kinder vom Alkohol fernzuhalten.

Nun kannst du eine Liste all deiner inneren Stimmen-Persönlichkeiten aufstellen und dabei die obige als Vorlage benutzen. Gib ihnen Namen und schreibe alles auf, was du von ihnen weißt. Zum Beispiel:

«Jedesmal, wenn ich zu Hause anrufe, ist der *Liebeskiller* gleich da und sagt: ‹Warum rufst du überhaupt an? Es ist ihnen doch sowieso egal, ob sie von dir hören oder nicht.›»

«Der *Tolpatsch* schafft es, daß ich mit zwei verschiedenen Socken an den Füßen zur Arbeit gehe.»

«Mein *Trödler* überredet mich immer, daß ich mich doch nicht hetzen sollte, daß ich noch genug Zeit habe, meine Arbeit zu schaffen, bis es zu spät ist.»

Bei deinem ersten Versuch wirst du vielleicht noch nicht besonders viele Stimmen identifizieren können oder viel Konkretes über sie sagen können. Die Zeit wird da helfen, und neue Methoden, wie du dem

Quälgeist auf die Schliche kommst, werden dir immer deutlicher die Schuldigen zeigen und dir Information über sie geben. Fürs erste einmal ist diese Liste eine Grundlage, eine Hilfe, um das böse Ich zu identifizieren.

Das Analysieren der Stimmen

Hast du die Stimmen erkennen können? Gleichen einige der Stimmen aus deiner inneren Unterhaltung den oben aufgezählten? Gab es neue, die sich bisher immer außer Reichweite versteckt hielten, bis du sie aus ihrem Bau getrieben hast? Gelingt es dir mit der Zeit, sie besser voneinander zu unterscheiden?

Hast du dich in einigen von ihnen als der erkannt, der du früher einmal warst? Vielleicht der Junge, der immer alle anderen tyrannisierte, oder der rot wurde, wenn er aufgerufen wurde, der Angst hatte, daß man ihn nicht in der Mannschaft wollte, der fürchtete, daß die Eltern vielleicht nicht von ihren Ferien zurückkommen würden, der nicht zugeben mochte, daß er gerne mit Mädchen spielt, der nie seine Hausarbeiten gemacht hatte, der immer am liebsten allein in seinem Zimmer saß und las? Und wie ist es mit Menschen, die in deiner Vergangenheit eine Rolle gespielt haben? War eine der Stimmen der deiner Mutter oder deines Vaters zum Verwechseln ähnlich? Oder klang sie wie ein Lehrer, ein Nachbar oder ein Pastor von früher?

Wie sprechen die Stimmen miteinander? Sind sie ruhig und vernünftig, dabei zungenfertig und voller logischer Argumente, wenn sie sich darüber auslassen, warum du ein Idiot bist, oder wie riskant (oder lächerlich oder sinnlos) dein Verhalten ist? Gibt es einige, die unvernünftig herumschreien, nur um Aufmerksamkeit zu erregen? Ist eine der Stimmen doppelzüngig und sagt erst das eine und dann das Gegenteil, nur um dich zu verwirren oder dir etwas vorzumachen? Flüstern einige so leise, daß du nicht verstehen kannst, was sie sagen? Vielleicht variieren sie ihre Methoden, sind einmal schlau, dann sehr direkt, einmal gewalttätig, dann wieder vernünftig.

Gibt es deutliche Stimmen, die du immer wieder hörst? Refrains, die wieder und wieder ertönen und nie geändert werden? Gibt es Diskussionen, wo von denselben Teilnehmern immer wieder dasselbe durchgekaut wird, monate- und jahrelang? Wie ist es mit den dir wohlgesinnten Stimmen? Hat auch jemand etwas Gutes über dich zu sagen?

Oft hilft es, wenn du dir die Liste der Stimmen immer wieder ansiehst und feststellst, welche für und welche gegen dich sind.

Mache dir eine Tabelle mit zwei Spalten. In die eine schreibst du deine Verbündeten, in die andere deine Feinde.

Verbündete	Feinde

Wie sieht deine Liste aus? Gibt es mehr Stimmen auf der einen als auf der anderen Seite? Welche melden sich am lautesten, welche sind am schwächsten? Gibt es eine gewisse Ausgewogenheit?

Schau dir die Liste genau an, vergleich sie mit unserer Aufstellung, um festzustellen, welche Feinde du nicht hast; auf diese Weise kannst du sehen, wo du vor dem bösen Ich einigermaßen sicher bist. Dasselbe mach mit den Verbündeten: Welche Freunde fehlen?

Es hilft, wenn du die «Regierungsform» deiner Stimmengesellschaft ermitteln kannst. Wenn du dir etwas überlegst oder wenn du deinen Gedanken freien Lauf läßt, werden die einzelnen Gedanken geordnet präsentiert? Scheinen sich die Stimmen abzuwechseln, oder ist es ein einziges Chaos? Halten sich positive und negative Meinungen einigermaßen die Waage? Und wie ist es mit traurigen und fröhlichen Gedanken, ängstlichen und mutigen? Scheinen die Dinge demokratisch abzulaufen, oder zeigt sich ein Diktator, der alle anderen niederschreit? Gibt es offene Diskussionen oder faire Debatten? Stehen sich Koalitionen oder Einzelstimmen gegenüber, die anscheinend immer die entgegengesetzte Meinung vertreten? Wer gewinnt? Ist es dir möglich (manchmal oder immer) die Berater in deinem Inneren anzupeilen, die dir im Augenblick am nützlichsten sind, oder beherrschen die Stimmen dich? Gibt es einen Vorsitzenden, der fair ist und jeden zu Wort kommen läßt? Oder werden manche Stimmen einfach zur Seite gedrängt? Kannst du der Debatte entnehmen, welche Stimmen gegen dich sind und welche nur dein Bestes im Sinn haben?

9. Wo, wann und wie arbeitet das böse Ich?

Wenn du weißt, wer die Mitspieler sind, mußt du herausfinden, wo und wann sie die Bühne betreten und wie sie sich benehmen. Wenn du erst einmal weißt, wann sich das böse Ich meldet und unter welchen Bedingungen, kannst du auf sein Auftreten vorbereitet sein, und es wird dich weniger treffen. Wenn dir deutlich wird, auf welchen Gebieten es besonders aktiv wird, dann kannst du dagegen angehen. Mit dem neuerworbenen Wissen, wie man fair mit sich selbst kämpft, kannst du lernen, das böse Ich zu bremsen, ihm zu widersprechen, es zu überstimmen, dich über es lustig zu machen, es zu beschwichtigen und deine Verbündeten gegen es zu Hilfe zu rufen. Du erkennst seine Einflußsphäre und trittst dem Feind kühn entgegen. Du kannst ihm die Krallen ziehen, ihm die Maske vom Gesicht reißen, seine Macht brechen.

Bei den meisten Menschen gibt es Bereiche in ihrem Leben, in denen sie sich sicher fühlen und produktiv sind. In diesen Bereichen packen sie Probleme an und erledigen, was sie vorhaben. Da haben sie Ideen und Spaß an dem, was sie tun. Ängste und Zweifel kennen sie hier nicht, sie sind produktiv. Bei der einen Frau sind es vielleicht ihre Aufgaben als Hausfrau. Es macht ihr Spaß, den Haushalt zu führen und für die Kinder zu sorgen. Sie schafft, was sie will, macht sich weder unnötige Sorgen um die Kinder noch um die täglichen kleinen Krisen oder wie sie jeden satt bekommt. Eine andere Frau ist in ihrem Beruf außerhalb des Hauses besonders erfolgreich. Sie hat Zutrauen zu ihren Fähigkeiten, kommt mit den Mitarbeitern gut aus, fühlt sich vom Kampf um die Beförderung nicht bedroht und hat ihre eigenen Vorstellungen davon, wie sie es in der Firma zu etwas bringt. Sie läßt sich gern von neuen Projekten fordern.

Aber so wie es für den Menschen Gebiete in seinem Leben gibt, wo er selbstbewußt und mit Stolz und Vergnügen sich einsetzt, so gibt es auch andere, wo er sich unsicher fühlt und ängstlich ist. Die Frau, die sich als Hausfrau und Mutter so selbstbewußt fühlt, denkt mit Schrekken an Cocktailparties, an öffentliche Veranstaltungen, an das gesellschaftliche Zusammensein mit Klienten ihres Mannes oder an Besprechungen mit den Lehrern ihrer Kinder. Sie hat Angst, daß sie dann nicht weiß, was sie sagen soll. Sie ist fest davon überzeugt, daß sie bieder und unmodern aussieht, daß alle anderen viel gewandter sind als sie. Sie malt sich aus, wie sie bei einer Party einsam dasteht, nicht weiß, wie sie ein Gespräch beginnen soll und deshalb ins Stottern kommt oder den Gesprächspartner so langweilt, daß er sich am liebsten verdrücken möchte.

Die Frau dagegen, die in ihrem Beruf so selbstbewußt ist, hat vielleicht ein verheerendes Privatleben. Im Beruf ist sie ausgeglichen und redegewandt, privat kommt sie sich unattraktiv vor und quält sich mit der Vorstellung herum, daß sie vielleicht nicht weiblich genug wirkt. Wenn sie als Alleinstehende in einer Großstadt lebt, hat sie keine Lust oder sogar Angst davor, sich um einen Partner zu bemühen. Sie spielt das Mauerblümchen, wenn sie sich dann doch einmal dazu zwingt, zu einer Party zu gehen, obgleich sie normalerweise im Berufsleben sehr gelassen und überlegen wirkt. So überredet sie sich selbst, daß sie sowieso lieber mit einem Buch ruhig zu Hause sitzt als irgendwo mit Menschen zusammenzusein, die sie nicht besonders gut kennt oder die ihr nicht liegen. Wenn sie dann einmal eine Verabredung mit einem Mann hat, dann ist ihr das anzumerken und dieses Treffen wird auch tatsächlich so ungemütlich für beide Teile, daß sie das nächste Mal lieber darauf verzichten. Es gibt eine Stimme in ihr, die ihr sagt, mache dir nichts daraus, es ist nicht wichtig. Der Richtige wird schon kommen und dich finden.

Die Methoden des Quälgeistes zu kennen, ist noch aus einem anderen Grund wichtig: Die Beweise, die du allmählich sammelst, machen es dir möglich, Dichtung von Wahrheit zu unterscheiden. Das ist für das Umgehen mit dem Quälgeist lebenswichtig, denn er ist ein echter Könner, wenn es um Methoden geht, wie man sich selbst verrückt macht. Er wird deine Erfahrungen einfach abstreiten, wird deinen Erinnerungen widersprechen: «Nein, so war das doch gar nicht!» Er wird Geschichte umschreiben und Tatsachen unbarmherzig verändern. Wenn dein Quälgeist dir Sinnestäuschungen unterschiebt, gibt es niemanden, der dich in deiner Meinung unterstützt. Wenn er immer und immer wieder behauptet, daß er recht hat, dann schließen wir uns schließlich seiner Meinung an. Wir glauben dann, daß wir wirklich die häßlichste Nase der Welt haben und daß wir keine Freude an Sex haben können, weil wir nicht irgendeinem dubiosen Schönheitsideal entsprechen. Wir stimmen dem Quälgeist zu, der sagt, daß wir die Beförderung wirklich nicht verdient haben, daß wir doch bei dem lieblosen Partner aushalten sollen. Oder er meint, daß es doch nichts ausmacht, wenn wir zu spät kommen, daß unsere Kinder uns nicht lieben oder daß wir wirklich zu seltsam sind, um liebenswert zu sein. Die Frauen in den oben erwähnten Beispielen haben schließlich dem Quälgeist geglaubt. Die erste benahm sich in ihrem Leben dann auch so, als ob sie trutschig und uninteressant und nur für die Küche geeignet sei; die andere lebte ihr Leben, als ob sie wirklich unattraktiv und unweiblich und für das Miteinander von Mann und Frau nicht geschaffen sei.

Auch bei dir gibt es wahrscheinlich Bereiche, in denen du dich wohl und andere, in denen du dich unwohl fühlst. Du hast wahrscheinlich schon gemerkt, daß der Quälgeist manchmal ganz still ist und dann wieder schrecklich laut wird und man ihn nicht zum Schweigen bringen kann. Manchmal ist er ruhig, weil du dich gerade mit etwas beschäftigst, wo er nicht viel zu sagen hat; du bewegst dich in einem Gebiet, wo du zuversichtlich bist und er nicht viel Macht hat. In anderen Situationen dagegen, läßt er sich jedesmal hören. Du mußt dir außerdem darüber klar sein, daß der Quälgeist auch seine Taktik ändert. Wenn er ein Gebiet deines Lebens nicht mehr beherrschen kann, wenn du ihn dort vertrieben hast, dann wird er einen neuen Wirkungskreis suchen, wo du noch verletzlich bist. So erging es Andreas:

«Als ich ein junger Mann war, hackte mein böses Ich immer wegen meiner Körpergröße auf mir herum: ‹Du bist so klein; du mußt deshalb mehr als jeder andere leisten; keine Frau mag einen kleinen Mann!› Immer und immer wieder versuchte ich zu beweisen, daß meine Größe keine Rolle spielte. Ich mußte immer der Erste sein, immer der Beste, der Witzigste. Ich versuchte, mit jeder Frau zu schlafen, die mir über den Weg lief und gab hinterher bei meinen Freunden damit an. Ich trug Schuhe mit erhöhten Absätzen. Versuchte alles. Mit der Zeit, nach vielen Jahren aber muß mein böses Ich den Eindruck gewonnen haben, daß auf dem Gebiet für es nun nichts mehr zu holen war; es gab einfach keine Beweise mehr dafür, die die Meinung unterstützten, daß meine Körpergröße noch etwas ausmachte. Selbst ich mußte zugeben, daß meine Größe mein Leben wirklich nur dann beeinflußte, wenn ich es selbst zuließ. Jetzt bin ich also erfolgreich, etabliert, muß nicht mehr arbeiten, bin nicht der Wichtigtuer, der es eigentlich zu nichts gebracht hat, und schon hat sich mein böses Ich ein neues Wirkungsfeld gesucht. Jetzt sagt es: ‹Eigentlich bist du gar nicht besonders erfolgreich und bedeutend. Niemand wird sich in zwanzig Jahren noch daran erinnern, was du geschaffen hast.› Ich werde zwar eingeladen, Vorträge zu halten, gebe Kurse an berühmten Universitäten, werde regelmäßig von Kollegen zitiert, meine Bücher sind Bestseller, und doch sitzt da dieses Stimmchen, das mich nicht in Ruhe läßt: ‹Man wird dir schon auf die Schliche kommen. Irgendwann bricht alles wie ein Kartenhaus zusammen.› Und das passiert, obgleich alle Tatsachen in meinem Leben gegen diese Meinung sprechen.»

Allmählich hat die Tatsache, daß wir etwas leisten und daß das auch nach außen hin deutlich wird, doch einen Einfluß auf uns und zwingt uns, die plumpe, ungerechte Meinung des Quälgeistes in Frage zu stellen. Allmählich beginnen wir uns dann als die zu sehen, die wir nach den objektiven Beweisen in unserem Leben auch sind, und das böse Ich wird überstimmt. Aber gerade in solchen Momenten, wenn wir endlich erfolgreich und mit uns selbst zufrieden sind, müssen wir besonders aufpassen. Der Quälgeist wird ganz sicher einen neuen Bereich in unserem Leben finden, wo er Einfluß nehmen kann, häufig da, wo wir ihn am wenigsten erwarten, worauf wir nicht gefaßt waren und wo er sich bisher noch nie hören ließ. In Andreas' Fall gab es alte Gründe, warum sich der Quälgeist so auf seine Größe spezialisierte: man hatte Andreas als Kind deshalb gehänselt, und seine Eltern hatten sich in seinem Beisein darum Sorgen gemacht. Als der Quälgeist sein Interesse aber dann auf das Gebiet der beruflichen Kompetenz von Andreas richtete, gab es dafür keinerlei Gründe, die etwas mit seiner Kindheit zu tun hatten; Andy war in seinem Beruf immer erfolgreich und geachtet gewesen. Jetzt, wo er pensioniert war, sein Berufsleben also hinter ihm lag und er zu dem, was er geschaffen hatte, weder etwas hinzufügen noch es verändern konnte, meinte der Quälgeist, daß er nun wieder Einfluß gewinnen könnte.

Seine Wirkungsfelder

Die wesentlichen Bereiche, in denen der Quälgeist aktiv ist, werden im folgenden behandelt. Es ist unmöglich, all seine Möglichkeiten und Raffinessen aufzuzählen, denn für jeden Menschen stellt er sich anders dar. Aber in jedem Bereich bringen wir mehrere Beispiele und Anekdoten, wie der Quälgeist vielleicht seinen Einfluß geltend macht. In jedem Abschnitt gibt es außerdem Fragen, die dir dabei helfen sollen, festzustellen, wo, wann und wie das böse Ich in deinem Leben seine Macht ausübt.

Dein Äußeres

Hier tut sich dein Quälgeist besonders hervor. Hier kann er dich wirklich in seine Fänge bekommen, denn er hat ja Beweise: Schau doch nur in den Spiegel! Das ist vielleicht eine häßliche Nase! Was für ein widerlicher Pickel! Das müssen ja wohl die fettesten Oberschenkel sein, die es gibt! Und so geht das jahrelang, immer wieder die häßliche Nase und immer wieder dieselben abscheulichen Schenkel!

Das Herumhacken auf unserem Aussehen ist bei vielen Quälgeistern sehr verbreitet. Zu gerne stürzt er sich auf einen oder wenige spezifische Schönheitsfehler und übertreibt sie, läßt uns nie damit in Ruhe. Das passiert nicht nur Menschen, die durchschnittlich aussehen, sondern auch solchen, die ausgesprochen attraktiv sind. Dr. Bach hat viele Jahre mit Schauspielern und Schauspielerinnen aus Hollywood zu tun gehabt, die alle ohne Ausnahme von irgendwelchen Mängeln geplagt wurden, die häufig völlig unbedeutend, ja sogar für andere nicht einmal sichtbar waren.

Lewis Jablonsky, der auf dem Gebiet der Psychotherapie bahnbrechende Arbeit geleistet hat, berichtet von Tausenden von Menschen, die in seinen Seminaren bestimmte Übungen gemacht haben, um ihre Körper besser zu akzeptieren, um ein positiveres Bild von ihrem Äußeren zu bekommen. Nicht einer war dabei, der keine Fehler gefunden hätte. Nur sehr wenige fanden, daß sie mit ihrem Äußeren Glück gehabt hätten, waren dankbar oder fühlten sich anderen deshalb überlegen. Die meisten konnten nur ihre Schönheitsfehler sehen.

Der Quälgeist macht es dir schwer, ein unvoreingenommenes Bild von deinem Äußeren zu haben, weil er nicht das Ganze sieht. Nicht nur, daß er sich auf körperliche Merkmale konzentriert und dabei andere Werte völlig ignoriert, am liebsten sucht er sich einen oder zwei Makel heraus und überbewertet sie so, daß sie riesige Proportionen anzunehmen scheinen. Immer wieder macht er dich auf diese negativen Aspekte deines Äußeren aufmerksam, so daß sie schließlich alle positiven völlig in den Schatten stellen. Du kannst dich in deinen Gedanken nicht davon lösen, bis schließlich auch dein Verhalten davon beeinflußt wird. Ein Mann gewöhnt sich an, seinen Kopf in einer bestimmten Weise zu halten, nur um ein Muttermal zu verstecken, das er häßlich findet. Eine Frau leidet so stark darunter, daß ihre Figur dem heutigen Ideal nicht entspricht, daß sie Situationen vermeidet, wo sie sich im Badeanzug zeigen muß. Ein Mann macht sich so viele Sorgen wegen seines «kleinen» Penis' oder seiner üppigen Körperbehaarung, daß er lieber auf sexuelle Beziehungen verzichtet und sich schließlich nicht einmal traut, mit einer Frau auszugehen. Keine dieser Ängste kommt aus einer realistischen Bewertung des körperlichen Makels. Unverhältnismäßig viel Zeit wird damit verbracht, sich darum Sorgen zu machen, und ein unverhältnismäßig großer Prozentsatz des Verhaltens ist davon beeinflußt.

«Wenn ich Kleidung für mich kaufe ist es so: Wenn ich an dem Tag nicht mit mir zufrieden bin, dann sieht alles, was ich anziehe, furchtbar aus. Egal, was ich auch anprobiere, eins sieht schlimmer aus als das andere. Schließlich bin ich den Tränen nahe, weil ich so schrecklich aussehe. Häufig passiert das gleiche, wenn ich irgend etwas Besonderes vorhabe, wenn ich zu einer Party gehe oder eine Verabredung habe. Ich probiere meinen ganzen Kleiderschrank durch, und bin mit nichts zufrieden, selbst nicht mit Sachen, in denen ich mich sonst wohl fühle. Aus lauter Verzweiflung entscheide ich mich dann für irgend etwas Langweiliges oder Formloses und komme mir den ganzen Abend lang unattraktiv vor.»

«Mich läßt der Gedanke einfach nicht mehr los, daß ich zu stark behaart bin. Früher haben mich meine Kameraden immer damit aufgezogen und haben mich Neandertaler und Gorilla genannt, aber da schien es mir nie etwas auszumachen. Aber in den letzten Jahren habe ich mich dabei ertappt, wie ich mir die jungen Männer am Strand besehe und sie wegen ihrer schlanken, wenig behaarten Körper beneide. Haarige Männer finde ich abstoßend und vergleiche mich dauernd mit ihnen. Ich starre mich dann im Spiegel an und finde es furchtbar, daß ich so viele Haare auf meiner Brust, meinen Handrücken und sogar auf dem Rücken habe. Ich habe sogar mit dem Gedanken gespielt, mir etwas Haar entfernen zu lassen, aber das kommt mir auch verkehrt vor. Manchmal ziehe ich dann einfach mein Hemd nicht aus, um meine Behaarung nicht zeigen zu müssen. Ich bin natürlich besonders empfindlich, wenn es um Frauen geht. Wenn ich eine neue Bekanntschaft gemacht habe, versuche ich sehr unauffällig herauszufinden, was sie denn besser findet. Aber um die Wahrheit zu sagen, soviel ich weiß, hat es nach meiner Erfahrung noch keiner Frau etwas ausgemacht. Und trotzdem werde ich diese Gedanken nicht los.»

Das ganze Leben eines Menschen, jede Begegnung mit einem Mitmenschen, jede Entscheidung und jede Meinung kann dadurch beeinflußt oder beeinträchtigt werden, daß der Quälgeist einem Mangel, der nur wenigen Leuten überhaupt auffällt, übertriebene Bedeutung beimißt.

Auf welchen Körperteil hat es der Quälgeist besonders abgesehen? Wie äußert er sich über dein Aussehen? Stelle dich einmal vor einen großen Spiegel und hör zu, was der Quälgeist zu sagen hat. Schreibe dir seinen negativen Kommentar auf. Kommt dir da etwas bekannt vor? Hat sich etwas verändert, d. h., beschimpft er dich jetzt vielleicht nicht mehr wegen deines Übergewichts, sondern beschwert sich über deine kümmerlichen Muskeln oder deine trockene Haut? Hältst du die Kritik für gerechtfertigt? Ist seine Ansicht vernünftig und ähnelt es dem, was auch andere finden?

Wann beurteilt er dich? Wenn du morgens in den Spiegel schaust? Wenn du dich gerade für eine Verabredung zurechtmachst? Oder vielleicht, wenn du deinem Freund schon gegenübersitzt? Wenn du mit deinem Partner im Bett bist, wenn du dir Modezeitschriften ansiehst oder wenn du Kleidung anprobierst?

Vielleicht handelt der Quälgeist indirekt? Trägst du überweite Kleidung, damit niemand deine Figur sieht? Hältst du es für reine Schmeichelei, wenn dir jemand wegen deines Aussehens Komplimente macht? Oder hat dich der Quälgeist davon überzeugt, daß das Äußere das allerwichtigste ist?

Wie äußert er sich denn? Ist er direkt: «In den Hosen siehst du fett aus; deine Augen stehen zu nahe beieinander.» Oder macht er versteckte Anspielungen: «Deine Freundin Pat ist ja wirklich entzückend!» Oder: «Warum liest du überhaupt diese Modezeitschriften (wo du den Mannequins ja nun wirklich nicht im entferntesten ähnelst!)?»

Wie ist es mit deinen Verbündeten? Gibt es auch innere Stimmen, die sagen: «Du siehst toll aus!» Oder: «Diese Gymnastikstunde macht sich wirklich bezahlt!» Oder: «Das Kleid steht dir ja gut.» Oder: «Gelockt sind deine Haare wirklich sehr hübsch.»? Haben diese Stimmen auch manchmal die Übermacht?

Gibt es Situationen, wo du mit deinem Äußeren zufrieden bist? Hängt dieses Selbstbewußtsein damit zusammen, daß bestimmte Menschen mit dir zusammen sind oder daß du etwas Bestimmtes anhast? Bist du selbstbewußter, was deine Erscheinung angeht, wenn du mit nur einem Menschen ausgegangen bist, fühlst dich aber unattraktiv, wenn du mit einer Gruppe zusammen bist und dich mit ihnen vergleichst? Was gefällt dir an deinem Äußeren am besten?

Selbstachtung
In einem Bereich kann uns das Verhalten des Quälgeistes leicht täuschen, dann nämlich, wenn wir mal etwas für uns selber tun. Bei vielem, was wir tun, meinen wir, daß wir egoistisch handeln und uns verzärteln, obgleich wir dabei eigentlich gegen unsere eigenen Interessen vorgehen. Der Quälgeist will schließlich nicht, daß wir das Richtige für uns tun; er will uns nur glauben machen, daß wir uns selbst übermäßig verwöhnen. Und wenn wir deshalb dann Schuldgefühle haben, dann ist das für ihn natürlich nur noch besser.

Manche Menschen sind sehr ungern allein. Sie wissen einfach nicht, was sie mit sich anfangen sollen und finden sich selbst nicht interessant genug, um sich genug zu sein. In solchen Momenten wird der Quälgeist aktiv. Für solche Menschen kommt ihr Alleinsein nicht zufällig aus der augenblicklichen Situation, sondern sie machen sich dafür verantwortlich. Wenn sie nur liebenswerter wären, dann wären sie jetzt nicht allein. Sie wissen nicht, was sie mit sich anfangen sollen. Die Zeit schleicht dahin; sie kommen ins Grübeln. Einige werden alles tun, nur damit sie nicht allein sind und die innere Leere nicht fühlen müssen. Diese Menschen entwickeln Gewohnheiten, bei denen sie nur die momentane Selbstbefriedigung im Sinn haben. Jede Nacht sind sie unterwegs, häufig mit Menschen, die ihnen nichts bedeuten; sie trinken oft zuviel oder betäuben sich mit Drogen. Oder sie sind Mitglieder diverser Klubs und Komitees, haben ewig etwas um die Ohren und wollen dann nur müde nach Hause kommen, ins Bett fallen und, wenn sie Glück haben, gleich einschlafen. Einsamkeit, die weh tut, ist das Werk des Quälgeistes. Menschen, die nicht mit sich allein sein können, suchen häufig Erleichterung in einer Therapie. Darin liegt allerdings ein gewisses Paradox, denn es ist ja der Grundgedanke einer Psychotherapie, daß du mit einem verständnisvollen und dir wohlgesinnten Menschen zusammensitzt. Sie kaufen auf diese Weise, und sind sich dessen nicht bewußt, regelmäßig Zeit, in der sie mit einem intelligenten, einfühlsamen Menschen Kontakt haben und sprechen können. Der Therapeut muß in einer solchen Situation darauf achten, daß der Patient von dieser gemeinsamen Zeit nicht allzu abhängig wird, und muß das Problem des nicht Allein-sein-Könnens direkt ansprechen. Menschen, die sich selbst wichtig sind, haben auch eine gute Meinung von sich selbst und respektieren die eigene Person. Menschen, die nicht viel von sich halten, finden überall etwas zu beanstanden. Sie beobachten jede ihrer eigenen Bewegungen und legen jedes Wort, was sie von sich geben, auf die Goldwaage. Sie verallgemeinern ihr Verhalten. Wenn sie einmal etwas vergessen haben, dann nennen sie sich selbst vergeßlich, anstatt zu sehen, daß das nur ein winziger Teil ihres Verhaltens ist. Wenn sie einmal etwas Gedankenloses getan haben, dann nennen sie sich gemein und egoistisch, anstatt zu sehen, daß es nur eine gedankenlose Handlung war. Und all diese Bezeichnungen haben eine Wirkung: «Ich bin gemein» oder «ich bin dumm» oder «ich bin häßlich» wird zu: «Wer will sich wohl mit so jemandem wie mir abgeben!»

Manche Menschen finden sich unattraktiv und wenig geistvoll. Sie vernachlässigen sich, ihre Gesundheit, ihren Schlaf, ihr Bedürfnis mit Freunden zusammen zu sein oder versäumen es, sich ihre Umgebung angenehm zu gestalten. Wenn sie sich krank fühlen, haben sie Angst, sich zu verhätscheln. Wenn sie allein sind, dann wollen sie sich nicht die Mühe machen, sich etwas Schönes zu kochen oder ins Restaurant zu gehen. Sie haben ein schlechtes Gewissen, wenn sie sich etwas Neues zum Anziehen kaufen oder sich sonst etwas leisten: «Ich sollte das eigentlich für die Schulkleidung der Kinder sparen.» «Sich einen Babysitter zu leisten, ist wirklich eine fürchterliche Verschwendung.»

Bei anderen zeigt sich die Selbstvernachlässigung in einer übermäßigen Genußsucht. Was könnte schädlicher sein, als zuviel Alkohol zu trinken, jede Nacht durchzumachen, Drogen zu nehmen, fünfmal in der Woche den Sexualpartner zu wechseln, mehr Geld auszugeben, als man verdient und jeden Tag in allzu kalorienreichen Mahlzeiten zu schwelgen?

«Ich bin immer sehr beschäftigt. Ich habe beruflich viel zu tun, gehöre mehreren Organisationen an, habe einen großen Bekanntenkreis, um den ich mich kümmern muß. In letzter Zeit ist mir aufgefallen, wie gestreßt ich mich fühle und wie das an meinen Kräften zehrt. Ich habe im letzten Jahr ein paarmal versucht, alle möglichen Entspannungsübungen zu lernen. Aber das hat mir nichts genützt. Ich kann mich einfach nicht entspannen, kann das innere Durcheinander nicht zum Schweigen bringen und kann mich von dem, was mir dauernd durch den Kopf geht, nicht freimachen. Im allgemeinen lerne ich leicht, aber wenn ich diese Entspannungsübungen probiere, dann fühle ich dauernd den Kampf, der sich in meinem Kopf abspielt. Es ist, als ob das böse Ich nicht möchte, daß ich diesen Beklemmungen entkomme.»

«Es fällt mir schwer, einen Abend allein zu sein. Dabei kommt es mir so vor, als ob ich eigentlich so viel zu tun hätte, verschiedene Anrufe erledigen, Briefe beantworten, im Haushalt einiges reparieren und mit meiner Stickerei weiterkommen müßte. Wenn ich dann aber wirklich einmal zu Hause bin, dann bin ich ruhelos. Mein Weg führt mich immer wieder an den Kühlschrank. Ich verbringe viel Zeit mit einer Zeitschrift, die ich sonst in 10 Minuten durchhabe. Ich gehe im Haus herum, zupfe hier, begradige dort. Dann stört es mich, daß ich so unruhig bin, und plötzlich bin ich entsetzlich müde, viel früher als sonst, und gehe schlafen, ohne daß ich irgend etwas geschafft habe, ohne daß ich die Stunden allein in irgendeiner Weise genossen hätte.»

Erst einmal, was hältst du von dir selbst? Gefällst du dir? Oder hältst du dich für gemein oder langweilig oder einen Schwächling? Wer behauptet denn das? Deine Freunde, dein Partner, deine Familie oder deine Mitarbeiter? Oder ist es vielleicht nur die bescheidene Meinung des Quälgeistes?

Denkst du häufig über dich und dein Leben nach? Was denkst du dann? Schmiedest du interessante, konstruktive Zukunftspläne? Denkst du gern an Angenehmes, was dir widerfahren ist oder was du geleistet hast? Oder sitzt du nur da und grübelst darüber nach, was denn mit dir nicht stimmt, bist ängstlich und unsicher, wenn du an deine Pläne denkst, kannst du von den Mißerfolgen und Fehlern der Vergangenheit nicht loskommen. Wie gut schläfst du? Hast du angenehme oder quälende Träume?

Achtest du auf dein Wohlbefinden? Ißt du vernünftig? Schläfst du genug? Machst du es dir manchmal schön und tust nur das, was du willst? Bist du gern einmal mit dir allein, oder fühlst du dich einsam, wenn du niemanden um dich hast? Hast du irgendwelche Angewohnheiten, die dich eigentlich stören? Rauchst du zuviel? Wie ist es mit Alkohol oder Drogen? Gibst du zuviel Geld aus?

Arbeit und Freizeit

Hier, wo unsere speziellen Fähigkeiten und Talente, das, wonach wir streben und was wir gerne tun, eine Rolle spielen, können wir das böse Ich besonders gut aufspüren. Bei der Arbeit und in der Freizeit haben wir die Möglichkeit, unsere Träume, unsere Unabhängigkeit und Individualität zu zeigen. Und häufig erwischen wir unseren Quälgeist, wie er sabotiert und uns von unseren Zielen abbringen will.

Er hat alle möglichen Methoden, um dich davon abzuhalten, in deiner Stellung voranzukommen oder deine Freizeit zu genießen.

Er kann dir die Furcht einflößen, daß du in deiner Arbeit versagen könntest; er kann der Grund dafür sein, daß du dich lieber zurückhältst, daß du lieber auf Nummer Sicher gehst, daß du einen festen Job beibehältst, obgleich er deine Talente verkümmern läßt. Oder du verschwendest deine Zeit auf einem Gebiet, was dich gar nicht besonders interessiert und wo du auch nicht besonders kompetent bist. Was noch schlimmer ist, manchmal bist du bei dieser Ersatzkarriere sogar noch besonders erfolgreich!

Wenn du aber eine Chance hast, dann kann das böse Ich dafür sorgen, daß du deinen Erfolg selbst sabotierst, wie Ellens Geschichte zeigt:

«Es ist kaum zu fassen, nun habe ich endlich eine Arbeit, die mir Spaß macht. Pünktlichkeit ist nie meine Stärke gewesen, aber ich schaffe es, daß ich ungefähr um neun da bin. Vor ein paar Wochen sagte mir ein Kollege, daß unser Chef auf Pünktlichkeit extrem viel Wert legt. Also nahm ich mir fest vor, in Zukunft pünktlich da zu sein. Es stellte sich aber genau das Gegenteil ein. Ich bin jetzt irgendwie überhaupt nie mehr pünktlich. Ich stelle mir den Wecker, schlafe dann wieder ein oder überzeuge mich irgendwie davon, daß es doch nichts macht, wenn ich noch ein paar Minuten länger im Bett bleibe. Oder plötzlich meine ich, daß ich mir unbedingt ein üppiges Frühstück machen muß, oder ich will nur noch einen Artikel in der Zeitung zu Ende lesen. Und dann gehe ich zur Arbeit, voller Angst, daß ich wieder zu spät komme und daß man mir kündigen wird. Und dabei bedeutet mir diese Stellung sehr viel.»

Wenn du nur wenig Selbstvertrauen bei deiner Arbeit oder bei deiner Freizeitbeschäftigung hast, vermindert das deine Freude daran, und du hast Angst vor jeglicher Konkurrenz. Manche müssen diese Angst jeden Tag neu bezwingen.

«Ich kann meinen Mangel an Selbstbewußtsein besonders gut daran erkennen, wie ich mich bei einem Wettkampf benehme. Wenn ich hinten bin, dann strenge ich mich enorm an, um aufzuholen. Wenn ich aber Erster bin, dann kann ich mich mit einemmal nicht mehr so recht konzentrieren; ich strenge mich weniger an, beinahe unmerklich werde ich schlechter, bis es wieder hart auf hart geht. Wenn es dann wirklich darauf ankommt, wenn es das letzte Spiel ist, wenn es um ein paar Punkte geht, wenn es so aussieht, als ob ich sogar gewinnen könnte, dann versage ich völlig. Plötzlich ist meine Angabe katastrophal, mein ganzer Körper verkrampft sich, und ich mache entsetzliche Fehler. Dann hole ich wieder auf, und das Spiel geht weiter. Es ist mir völlig klar, was da passiert, es ist wie ein böser Geist in mir. Manchmal kann ich dagegen angehen, aber manchmal ist es einfach zuviel für mich. Der böse Geist bekommt die Oberhand, und ich verliere wieder ein Tennisspiel, was ich eigentlich hätte gewinnen müssen. Und dann verachte ich mich erst recht, weil ich verloren habe.»

Manche Menschen werden besonders nervös, wenn sie sich eigentlich amüsieren sollten. Ihre Erfahrung hat ihnen gezeigt, daß sie immer dann, wenn alles besonders gut läuft, wenn sie sehr erfolgreich sind, oder wenn sie sich einmal richtig amüsieren, irgend etwas tun, das alles verdirbt. Plötzlich stellen sich Angstgefühle ein, eine unbestimmte Furcht vor etwas. Oder sie haben plötzlich ein schlechtes Gewissen, müssen daran denken, was sie alles nicht erledigt oder was für Sünden sie in der Vergangenheit einmal begangen haben. Dann werden sie krank, oder sie haben einen Unfall. Was es auch ist, die Tatsache, daß Erfolg und Vergnügen häufig so schreckliche Konsequenzen haben, hält sie vor vielem zurück: sie haben Hemmungen, zu laut zu lachen, sich zu sehr über einen Erfolg zu freuen, sich zu gut zu amüsieren. Sie blicken immer ängstlich hinter sich, warten darauf, daß etwas Schreckliches passiert. «Das kann ja nicht immer weiter so gut gehen», sagen sie.

Das Streben danach, von anderen akzeptiert zu werden, erfolgreich das zu tun, was Familie und Gesellschaft von uns erwarten und auch noch Spaß daran zu haben, kann einen entsetzlichen Druck auf uns ausüben. Vielen Menschen ist von ihrer Umgebung so gründlich eingeimpft worden, wie sie ihr Leben leben sollen, daß es ihnen nicht bewußt wird, daß sie eine Wahl hatten und daß sie vielleicht in der fernen Vergangenheit etwas Wichtiges aufgegeben haben. Einige haben möglicherweise um die Verwirklichung ihrer eigenen Ideen, um ihre Interessen und darum gekämpft, was ihrer Meinung nach Freude macht, haben aber dann nach einiger Zeit aufgegeben und sich eingefügt, einfach weil sie sich so wenig geachtet, so ausgestoßen vorkamen, weil sie anders waren. Vielleicht mochten sie einfach nicht mehr kämpfen und gaben auf. Vielleicht fingen sie an, an ihren eigenen Überzeugungen zu zweifeln und trauten dem eingeschlagenen Kurs mehr. Vielleicht schien ihnen der Preis zu hoch, den sie für ihre Individualität zahlen mußten, und sie entschieden sich bewußt für einen Weg, der ihnen scheinbar die Zuneigung und Anerkennung ihrer Mitmenschen einbrachte.

«Ich habe immer darum kämpfen müssen, das zu tun, was für mich wichtig ist. Ich wuchs ohne Bücher und ohne Musik auf, bei uns zu Hause fand man Kunst und Kulturelles überholt und unecht. Mein Interesse an Kunst wurde zwar von einem Freund der Familie und von Lehrern unterstützt, trotzdem kam ich mir immer irgendwie anders und unnormal vor. Man machte Andeutungen, daß ich dann keine Freunde finden, daß ich nicht beliebt sein würde, daß ich keinen Mann finden würde, lauter wichtige Aspekte eines Lebens. Man sagte mir, ich würde unglücklich sein, und ich muß wohl daran geglaubt haben, denn ich machte große Anstrengungen, um attraktiv und liebenswert, hilfreich und beliebt zu sein. Und doch gab es da immer diese andere Stimme in mir, die sagte: ‹Du bist, so wie du bist, schon richtig. Du bist künstlerisch begabt. Hübsch zu sein, ist nicht das Wichtigste auf der Welt. Du kannst schon eine Stellung finden und durch deine Kunst leben.› Dieses Zwiegespräch lief dauernd in meinem Inneren ab; diese zwei Möglichkeiten wurden mir immer wieder präsentiert. Auch jetzt, wo ich die Schule schon seit zwanzig Jahren hinter mir habe, bin ich von diesem Konflikt immer noch betroffen. Ich bin bisher recht erfolgreich gewesen, bin Grafikerin, habe Kunstgewerbliches entworfen, habe Kunstgewerbebücher geschrieben und illustriert und später auch Bücher über viele andere Themen. Und doch wollte ich immer am liebsten eine richtige Künstlerin sein, wollte zeichnen und malen und Drucke machen. Statt dessen tue ich alles Mögliche, nur damit ich meinen Traum nicht wahrmachen kann. Ich spreche mir gut zu, daß das, was ich tue, doch gut ist, daß ich doch das Geld und den Erfolg meiner jetzigen Karriere nicht missen möchte, daß ich doch mein Einkommen nicht riskieren kann, nur weil ich malen möchte, daß ich keinen Erfolg damit haben würde, d. h. daß ich vielleicht doch nicht gut genug bin. Dabei weiß ich, daß das nicht stimmt. Jahrelang schon habe ich mich davor gescheut, diese Veränderung in meinem Leben vorzunehmen. Irgendwie muß ich wohl immer noch fürchten, daß man mich nicht mehr mögen wird, wenn ich das tue, was ich wirklich möchte, daß ich unglücklich werde und die Zuneigung derer verliere, die mir etwas bedeuten.»

Das ständige Aufschieben von Dingen, die gemacht werden sollten, kann auch einen gewissen Perfektionismus zur Ursache haben. Häufig spielt dann die Angst vor dem Versagen eine Rolle. Was, wenn es sich herausstellen sollte, daß das Geschriebene, das Bild oder die Reportage nicht gut ist? Menschen haben eine solche Angst davor, einen Mißerfolg zu riskieren, fürchten sich vor der Möglichkeit, daß ihr Selbstbewußtsein angegriffen wird, so daß sie das Risiko lieber gar nicht erst eingehen. Sie werden zu ewigen Studenten, besuchen einen Kurs nach dem anderen, brauchen noch diesen oder jenen akademischen Grad. Manchmal ist die Angst vor Erfolg das Hindernis, was bezwungen werden muß. Denn wenn sie nun wirklich das schaffen, was sie sich vorgenommen haben, werden sie dann nicht die Zuneigung derjenigen verlieren, die ihnen davon abgeraten hatten? Werden sie sich nicht selbst ins Unglück stürzen?

«Manchmal vergehen Tage, ohne daß ich ein Wort zu Papier bringe. Ich sitze an meinem Schreibtisch und starre das leere Blatt an und kann nicht schreiben. Bevor ich mich hinsetze, rede ich mir selbst gut zu, versuche, mich dazu zu bringen, nur irgend etwas zu schreiben, auch wenn es nicht besonders gut ist, sondern nur ein grober Entwurf, an dem ich dann weiterarbeiten kann. Aber irgendwie kann ich nicht anfangen. Der erste Satz muß perfekt sein. Ich brauche eine klare Vorstellung des Ganzen oder des Kapitels, bevor ich beginne, muß genau wissen, welche Punkte ich alle berühren möchte. Und so verbringe ich meine Zeit damit, Dinge zu lesen, die mir entweder beim Schreiben nützlich sein sollen oder die eine Meinung bestätigen. Bald ist der ganze Tag vorbei, ich bin ein Nervenbündel, und mein Magen ist verkrampft. Ich komme mir schrecklich unfähig vor und fange gleich an, mir selbst Vorträge zu halten, wie ich die Arbeit am nächsten Tag anpacken werde. In Wirklichkeit habe ich solch hohe Anforderungen an mich selbst gestellt, daß ich einfach nichts aufs Papier bringen kann. Ich bringe es nicht fertig, einen mittelmäßigen Entwurf zu schreiben, Sätze zu formulieren, die nicht absolut perfekt klingen, so als ob damit ein Werturteil über mich selbst abgegeben wird, als ob damit eine negative Meinung, die ich von mir selbst habe, bestätigt wird.»

Zuerst einmal, findest du das Leben interessant? Gibt es etwas, was du gerne tun möchtest? Orte, die du gerne sehen möchtest? Hast du genug Geld, genug Bücher zu lesen, genug Dinge, über die du gerne mehr erfahren möchtest? Oder langweilst du dich häufig? Scheint dein Leben uninteressant? Hast du zuwenig zu tun? Ist alles nur mühselig und ohne spannende Aufgaben? Oder gibt es zu viele Anforderungen an dich?

Hast du eine Arbeit, die dir Spaß macht, dich fordert und deinen Talenten und Fähigkeiten entspricht? Oder langweilt dich deine Arbeit, läßt deine Talente brachliegen? Arbeitest du noch nicht einmal auf einem Gebiet, was dich besonders interessiert und wo du gut bist? Was würdest du statt dessen lieber tun? Und warum tust du es nicht? Bitte sei hier sehr ehrlich.

Was bedeutet Konkurrenz für dich? Stellt deine Arbeit Anforderungen an dich? Sind Beförderungen für dich wichtig, willst du vorwärtskommen? Strengst du dich gerne an, oder vermeidest du es, dich für etwas einzusetzen? Macht sich dein Quälgeist bemerkbar, wenn du etwas versuchst und es schaffst? Hält er sich zurück und ist gutmütiger, wenn du versagst? Oder läßt sich dann eine andere ebenso verletzende Stimme hören?

Freunde und Verwandte

Der Quälgeist hat es gar nicht gern, wenn uns Freunde und Familie mögen, wenn sie uns unterstützen und viel von uns halten. Schließlich haben wir sie ja nun wirklich nicht verdient, wo wir doch so unattraktiv und schlampig und wenig liebenswert sind.

Solange das böse Ich es schafft, daß wir wenig von uns selbst halten und ein kümmerliches Bild der eigenen Person mit uns herumtragen, solange werden wir auch den Gefühlen, die uns Freunde und Familie entgegenbringen, nie ganz glauben können; wir haben dann zuwenig Vertrauen zu ihnen, um diese Gefühle selbst ehrlich erwidern zu können. Solange wir an veralteten Werturteilen festhalten, die uns betreffen, werden wir auch jetzigen Meinungen nicht glauben.

Der Quälgeist ermutigt uns manchmal dazu, Freunde auszuwählen, die für unser Selbstwertgefühl nicht gut sind, die nur kritisieren, unsere Interessen und Vorhaben nicht ernst nehmen und unsere Leistungen schmälern, die also, kurz gesagt, das böse Ich verkörpern.

Wenn Freunde und Familie an uns und unseren Wert glauben, dann wird der Quälgeist vielleicht behaupten, daß sie uns nur etwas vormachen, wenn sie uns wirklich kennen, dann würden sie uns nicht mehr mögen. Oder er schafft es, daß wir uns von Freunden und Familie fernhalten, aus lauter Angst vor zuviel Nähe und Abhängigkeit.

Das altmodische böse Ich, das immer konform gehen will, bringt uns manchmal dazu, daß wir an unsere Kinder Erwartungen stellen, die gegen ihre wahre Natur und gegen ihre Wünsche gehen. Dann macht es uns ärgerlich, wenn diese Erwartungen nicht erfüllt werden und gibt uns wiederum ein schlechtes Gewissen, weil wir diesen Ärger spüren.

«Mein Mann und ich sind sehr unglücklich darüber, daß unsere Tochter sich so jungenhaft benimmt. Die ganze Zeit ist sie draußen im Garten oder auf der Straße, spielt Baseball, fährt Fahrrad, läuft Rollschuhe, klettert und interessiert sich für das neue Haus, das gerade gebaut wird. Sie ist dabei immer das einzige Mädchen. Sie hat zwar Freundinnen, aber deren Spiele langweilen sie nach kurzer Zeit. Jim stört das sehr, er findet sie so wenig mädchenhaft. Er hätte es gern, wenn sie auch mal ein Kleid anziehen würde. Wir möchten nur, daß sie glücklich wird, aber wenn das so weitergeht, wird sie später große Schwierigkeiten mit Freundschaften haben.»

«Seit meine Ehe vor fünf Jahren zerbrach, lebe ich in schrecklicher Angst, daß ich meine Kinder verlieren könnte, daß ich keinerlei Einfluß mehr auf ihr Leben haben werde, daß meine geschiedene Frau ihnen vielleicht schlimme Geschichten über mich erzählt, daß sie das bequemere Leben mit ihr vorziehen. In hellen Momenten weiß ich schon, daß ich immer ein guter Vater gewesen bin und daß meine Kinder mich sehr liebhaben. Aber manchmal kommt es mir dann so vor, als ob eine meiner Töchter unglücklich aussieht oder sich vor mir verschließt oder sie sagt etwas, das ich so interpretiere, daß sie mich nicht mag. Und dann scheint ihr ganzes Verhalten diesen Eindruck nur zu verstärken. Dann bin ich plötzlich sicher, daß sie mich nicht liebt, daß meine geschiedene Frau irgend etwas gegen mich unternommen hat, oder daß ich etwas falsch gemacht habe. Das läßt mich dann den ganzen Tag, das ganze Wochenende nicht los; ich merke, wie ich mich zurückziehe, bin verletzt und ärgerlich und verderbe uns die Zeit, die wir miteinander haben. Wenn es erst einmal angefangen hat, wenn ich das erste Zeichen dafür gefunden habe, daß man mich nicht liebt, dann kann ich mir nicht helfen und das Ganze wird zu einer Katastrophe. Ich schimpfe zwar selbst mit mir, ermahne mich, doch wie ein erwachsener Mensch zu handeln, doch gleichzeitig bohre ich nur immer tiefer und tiefer, so als ob ich nicht glauben will, daß sie mich lieben, weil ich es doch nicht verdiene. Ich bin selbst dafür verantwortlich, wenn man mich zurückweist.»

«Mein Mann hat mich neulich einmal auf folgendes aufmerksam gemacht: Jedesmal, wenn er kommt und seinen Arm um mich legt oder ein paar ruhige Minuten mit mir allein verbringen möchte, fällt mir immer ganz plötzlich etwas ein, was ich unbedingt tun muß; entweder muß ich den Braten in den Ofen schieben oder muß unbedingt mit dem Hund auf die Straße oder muß aufschreiben, wann mein Sohn zum Zahnarzt muß. Auf diese Weise zeige ich ihm, wie beschäftigt und verantwortungsbewußt ich doch bin und wieviel ich doch für ihn tue. Gleichzeitig weise ich ihn in seinem Bemühen zurück, mir nahe zu sein. Denn dann kann ich wieder das Gefühl bekommen, daß ich ihm eigentlich ganz egal bin.»

Denke einmal an jedes Familienmitglied und jeden deiner Freunde. Bedeuten sie dir viel, und was bedeutest du ihnen? Glaubst du, daß sie eine zutreffende Meinung von dir haben? Findest du, daß sie dir genug geben? Oder geben sie dir zuviel? Zweifelst du an ihrer Zuneigung oder Ehrlichkeit? Bist du ihnen gegenüber ehrlich, oder weißt du nicht, ob du ihnen vertrauen kannst? Hast du das Gefühl, daß sie dich kennen?

Denk an die Schwierigkeiten, die du speziell mit jedem von ihnen hast. Klingt es verdächtig danach, als ob der Quälgeist sich da einmischt?

Liebe und Sex
In diesem wichtigen Bereich unseres Lebens, in dem wir besonders leicht verwundbar sind, mischt sich der Quälgeist von Anfang an ein. Denk nur daran, was bei den ersten Verabredungen schon alles passieren kann. Beim ersten Treffen macht es dir der Quälgeist schwer, deinen neuen Bekannten als ganze Persönlichkeit zu sehen; er interessiert sich nämlich nur für Einzelheiten: «Hat er hübsche Hände?» – «Ob meine Freundinnen ihn wohl gutaussehend finden?» – «Warum drückt er sich bloß so aus?» – «Ich hätte nie gedacht, daß ich mit jemandem ausgehe, der ein solches Hemd anhat!» «Wieviel Geld er wohl verdient?»

Dann wirst du selbst unsicher: «Ob er mich wohl nett findet?» «Ob er wohl findet, daß ich passend angezogen bin?» – «Wäre es ihm wohl peinlich, mich seinen Freunden vorzustellen?» – «Ich bin wirklich nicht besonders unterhaltend.» – «Findet er mich hübsch?» – «Ob er wohl meinen kurzen Hals bemerkt?»

Als nächstes sorgt der Quälgeist dafür, daß du Hemmungen hast zu sprechen, daß du deinen Wein verschüttest und dir Gedanken machst, was er wohl von dir im Bett hält. Kurz gesagt, der Quälgeist denkt an alles, nur nicht an das wirklich Wichtige: Was ist das für ein Mensch, und wie finde ich ihn?

Festgelegte Vorstellungen und bestimmte Erwartungen sind ein Fluch für Liebe und sexuelle Freuden. Je mehr wir uns darauf konzentrieren, wie Dinge eigentlich sein sollten, desto mehr schränken wir die Zahl der Menschen ein, die uns interessieren könnten, vermindern die Möglichkeiten für sexuelles Vergnügen und die Vielfalt der Liebesbeweise in einer zärtlichen Beziehung.

«Ich weiß jetzt, daß ich jahrelang immer wieder auf den gleichen Typ Frau flog. Mich hat immer ein hübsches Gesicht beeindruckt, besonders der blonde, amerikanische Typ. Immer wenn ich eine Frau kennenlernte, auf die mein eng definierter Schönheitsbegriff paßte, konzentrierte ich mein ganzes Bemühen auf sie, lud sie ein, war stolz auf meine Eroberung und wollte mit ihr gesehen werden. In einige dieser Frauen habe ich mich wahnsinnig verliebt und war dann nach ein paar Wochen oder Monaten entsetzlich enttäuscht, ohne daß ich recht wußte warum.

Die Frau, mit der ich jetzt zusammen bin, sieht ganz anders aus als die Frauen, für die ich mich früher interessierte. Ich habe sie über meinen Beruf kennengelernt. Als ich sie kennenlernte, war ihr Aussehen eine Nebensache. Sie war eben eine Kollegin, und ihr Typ Frau hatte mich ja noch nie interessiert. Als ich sie dann immer lieber mochte und daran dachte, mit ihr eine engere Beziehung einzugehen, schockierte es mich richtig, als ich feststellte, daß sie eigentlich sehr attraktiv war. Noch heute muß ich sie manchmal ansehen und mich wundern, was bloß mit mir verkehrt gewesen war, daß ich das nie gesehen hatte.

Früher erwartete ich von der Frau, mit der ich ausging, weder, daß sie in irgendeiner Weise intellektuell anregend oder wortgewandt war, noch daß sie sich mit irgendwelchen interessanten Dingen beschäftigte. Mir ist klargeworden, daß ich noch nicht einmal erwartete, daß sie besonders warmherzig, liebevoll oder ehrlich war. Und das war dann häufig das Ergebnis: eine Frau, die wußte, daß nur ihre Schönheit für mich wichtig war und die das ausnutzte. Ich nehme an, das ist auch der Grund, warum diese Verbindungen letzten Endes auseinandergingen.»

In deiner sexuellen Beziehung bist du besonders angreifbar. Der Quälgeist ist ein Schurke im Bett. Er konzentriert sich vor allem auf zweierlei: auf das Glied und den Orgasmus. Doch zuerst vermiest er dir das Bild, daß du von deinem Körper hast: ich sehe unförmig aus, meine Haut ist schlaff, mein Busen hängt, mein Penis ist zu klein, ich rieche, ich habe zuviel Schamhaar, ich habe zuwenig Schamhaar, mein Muttermal ist so häßlich. Der Quälgeist wird dich davon überzeugen, daß du an Sex keinen Spaß haben kannst, wenn du einen Pickel hast, weil nur das Aussehen entscheidend ist. Das Gefühlsklima, das Sex zum Vergnügen macht, nämlich Vertrauen, Erregung, Entspannung und Freude aneinander, wird dadurch zerstört, daß man viel zu sehr an Dinge denkt, die wenig mit dem Vergnügen selbst zu tun haben. Und wenn Selbstbewußtsein und ein gutes Verhältnis zum eigenen Körper Voraussetzungen für guten Sex sind, dann mußt du dich besonders vor dem immer kritischen Quälgeist in acht nehmen, der überall einen Fehler findet.

«Nach meiner Scheidung konnte ich immer nur daran denken, wie mein Körper alterte. Dauernd bemerkte ich eine neue kleine Falte, eine schlaffe Stelle, war von dem Verfall entsetzt und abgestoßen und davon überzeugt, daß ich beim sexuellen Konkurrenzkampf nun keine Chance mehr hätte. Meine gute Figur war mir immer sehr wichtig gewesen und jetzt, wo ich sie am dringendsten brauchte, da verlor ich sie. Wenn ich mit jemandem ausging, konnte ich immer nur daran denken, daß ich mich nicht ohne Kleider zeigen konnte, weil meine Oberarme so widerlich schlaff waren oder mein Bauch vorstand. Manchmal beschäftigten mich diese Gedanken so sehr, daß ich der Unterhaltung meines Bekannten nicht mehr folgen konnte. Und dann schob ich Gründe vor, warum ich lieber auf Sex verzichten wollte. Ich glaube, es war mein böses Ich, das mich so von einer sexuellen Bindung fernhalten wollte, mich wegen meiner Scheidung quälte, das Schuld daran war, daß ich mir unattraktiv vorkam und wenig Selbstbewußtsein hatte.»

«Ich war so sicher, daß mein Penis viel zu klein ist, daß ich alles tat, nur damit man mich nicht beim Umkleiden sehen konnte und versuchte, jede Möglichkeit einer sexuellen Begegnung auszuschalten. Ich wurde dauernd davon gequält, mußte immer daran denken und litt. Man kann einfach nicht beschreiben, wie sehr mich dieses Problem beschäftigte. Mit 23 wurde ich schließlich von einer Frau verführt, einer Frau, die ich mochte und der ich vertraute. Sie bewies mir, daß mein Penis nicht nur völlig für den Sexakt ausreichte, sondern daß er gar nicht einmal so klein war. Das war eine unglaubliche Offenbarung; jetzt kann ich mich nicht einmal daran erinnern, warum er mir immer so winzig vorkam. Es kommt mir jetzt verrückt vor, daß ich so viele Jahre lang mir darum solche Sorgen gemacht habe. Hin und wieder verfolgt mich dieses Problem noch, von alten Vorstellungen löst man sich nur schwer, aber langsam wächst mein Selbstbewußtsein.»

Das zweite, auf das der Quälgeist absolut fixiert ist, ist die sexuelle Leistung: «Du bist wirklich furchtbar im Bett! Du bist nicht frei genug! Du bist zu verklemmt! Du kennst zu wenig Raffinessen, zu wenig Stellungen.» Im Bett fühlst du dich unter Druck, sei es, deine Männlichkeit zu beweisen oder deine Erfahrung, deine akrobatische Ausdauer, wie phantastisch du auf ungewöhnliche Forderungen deines Partners eingehst oder in welche fieberhaften Höhen der sexuellen Erregung du gelangen kannst. Vielleicht findet dein Quälgeist aber auch diese ganzen Techniken widerlich?

Und wie ist es mit dem Orgasmus? Kommst du? Und wie oft? Und wie ist es mit deiner Erektion? Hast du nicht im geheimen Angst, daß du ihn nicht hochkriegst, oder daß er nicht hart genug ist oder daß er plötzlich schlaff wird oder daß du zu schnell ejakulierst? Und das Fatale ist: wenn du erst dran denkst, dann passiert es auch!

«Geschlechtsverkehr ist für mich immer eine Enttäuschung gewesen. Die einzige Weise, wie ich zum Orgasmus kommen kann, ist eine bestimmte Bauchlage. Ich habe nie den Mut gehabt, jemandem zu sagen, was ich gerne mag; ich bin sicher, man würde mich für seltsam oder pervers halten, und dann wäre es sowieso aus.»

«Ich kann mich einfach nicht dazu überwinden, die Geschlechtsteile einer Frau mit dem Mund zu liebkosen. Es kommt mir schmutzig vor und überhaupt nicht sexy. Vieles, was Frauen gern im Bett machen wollen, kommt mir irgendwie verkehrt vor. Für mich bedeutet ein sexuelles Zusammensein: Küssen, Umarmen und Penetration. Ich habe keinen Spaß am Kitzeln und Lachen und akrobatischen Übungen beim Sex. Das gehört nicht dazu.»

Unsere Zeit bringt offenbar große Probleme beim sexuellen Vergnügen. Die Sprechzimmer von Psychiatern und Sextherapeuten sind voll von Menschen, deren Leben in sexueller Hinsicht unbefriedigend ist, deren sexuelle Funktionen beeinträchtigt sind. Gerade mitten in der sexuellen Revolution sind Impotenz und Frigidität weit verbreitet.

Der Quälgeist kann auf vielerlei Arten das sexuelle Vergnügen verderben. Vielleicht hat er ganz feste Vorstellungen davon, was «richtig» und was «falsch» ist. Vielleicht sind seine Ansichten von «gutem Sex» von strengen Eltern überliefert, durch eine religiöse Erziehung beeinflußt oder auch durch das Vorbild von Filmen und Zeitschriften geprägt. Die Impotenten und die Frigiden sind nicht die einzigen Opfer der sexuellen Revolution. Auch der sexuell voll ausgelastete Swinger und der übersättigte Playboy landen in einer Therapie und fragen sich, warum sie denn depressiv und unbefriedigt sind, warum Sex so mechanisiert und von der Person losgelöst zu sein scheint. Heutzutage redet man von der «Keuschheitswelle», ein beschönigender Ausdruck für das, was passiert, wenn Menschen von zuviel unbefriedigendem Sex desillusioniert und ausgebrannt sind. Andere gehen immer wieder in die einschlägigen Kneipen, wo sie nach Liebe suchen und nur Sex finden, ein dürftiger Ersatz, der noch das Selbstbewußtsein schmälert.

«Ich habe mit Sex aufgehört. Früher bin ich dauernd unterwegs gewesen, ich habe nie Schwierigkeiten gehabt, Männer kennenzulernen, und ich hatte immer Spaß daran. Etwas Wein und etwas Hasch, und schon konnte ich die ganze Nacht durchmachen. Ich fand es herrlich, den Männern den Kopf zu verdrehen, einige hatten noch nie jemanden wie mich getroffen, so unbeschwert und frei. Aber eines Tages bedeutete es mir plötzlich alles nichts mehr. Egal, wieviel Alkohol oder Hasch ich zu mir nahm, nichts änderte sich daran. Ich war wie ausgelaugt. Eine Zeitlang noch tat ich so, als ob ich etwas empfände, da ich weiterhin beliebt sein wollte und auch die Zärtlichkeit vermißte, aber es klappte nicht. Ich kam mir von den Männern, mit denen ich zusammen war, nur ausgenutzt vor. Es wurde mir klar, daß die meisten nur an Sex interessiert waren und was ich sonst noch aus einer solchen Beziehung meinte gewonnen zu haben, war nur in meiner Einbildung vorhanden. Ich wurde ärgerlich und bekam Männern gegenüber feindselige Gefühle. Dann wurde ich depressiv und wollte überhaupt nicht mehr ausgehen. Ich verbringe jetzt viel Zeit allein und versuche herauszufinden, was ich will. Am sichersten scheint mir, ganz ohne Sex zu leben, und im Moment habe ich sowieso kein Interesse daran. Ich nehme an, daß eines Tages das Bedürfnis danach schon wiederkommt.»

Aber dann gibt es noch die Liebe. Nehmen wir einmal an, daß du den Quälgeist soweit in Schach gehalten hast, daß du die Gefahren des ersten Kennenlernens, des ersten sexuellen Zusammenseins gut überstanden hast, und dann verliebst du dich. Das böse Ich hat noch viele Waffen. Erst einmal kann es passieren, daß du dich in jemanden verliebst, der der Favorit deines Quälgeistes ist, jemand, der dich wie er kritisiert, dich unsicher macht, auf der Stelle treten läßt und dich in deinem Vorwärtskommen behindert. Oder der Quälgeist sorgt dafür, daß sich aus der anfänglichen Leidenschaft keine normale, gute, realistische Beziehung entwickeln kann. Dann erwartest du, daß deine Liebe immer so romantisch bleibt wie zu Anfang und wirst wütend, wenn du dich nicht jede Minute davon überzeugen kannst, sondern wenn du die Wäsche machen mußt, oder es sich herausstellt, daß dein Geliebter im Gegensatz zu dir Rock liebt oder noch andere Freunde hat. Oder du stellst so große Anforderungen, daß du dich nie verlieben kannst.

«Ich würde sehr gern zur Ruhe kommen und heiraten. Ich möchte Kinder und bin beinahe schon 36. Aber ich kann irgendwie niemanden finden, mit dem ich gern den Rest meines Lebens verbringen möchte. Ich lerne viele Männer kennen und gehe mit vielen aus. Die ersten paar Mal ist alles bestens, und ich bin ganz begeistert. Aber sobald der Reiz des Neuen fort ist, langweilen sie mich. Sie scheinen mir nicht mehr so interessant wie zu Anfang, und ich sehe all ihre Fehler und tausend Gründe, warum eine Verbindung mit ihnen eine Katastrophe wäre. Manchmal habe ich vorher soviel in sie hineingesehen, daß ich dann zutiefst enttäuscht bin. Ich weiß, ich bin nicht leicht zufriedenzustellen, aber ich würde lieber nie heiraten als mit jemandem zusammenzuleben, für den ich nicht Liebe und Respekt empfinden könnte.»

Der Quälgeist wird immer und immer wieder dafür sorgen, daß du an der Liebe und Zuneigung des anderen zweifelst, er wird unmögliche Beweise für diese Liebe verlangen. Er wird dir wiederholt sagen, daß du diese neugefundene Liebe gar nicht verdienst; er wird dich Dinge tun lassen, die beweisen sollen, daß du wenig liebenswert bist. Weil du Angst hast, daß man dich in einer intimen Beziehung als Betrüger entlarven könnte, hörst du lieber auf deinen Quälgeist und ziehst dich zurück, errichtest eine Mauer, eine Sicherheitszone zwischen dir und deinem Geliebten, was der wiederum nicht versteht und entsetzlich findet.

Der Quälgeist findet, daß jemand wie du es nicht verdient, verliebt und glücklich zu sein und wird alles dransetzen, es zu sabotieren. Im Unterbewußtsein findet ein Mann vielleicht, daß seine Geliebte viel zu gut für ihn sei und betrügt sie deshalb mit einer anderen. Teilweise tut er das, um sich zu beweisen, daß er es nicht wert ist, so geliebt zu werden, und hofft im Unterbewußtsein (fürchtet es aber gleichzeitig), daß sie von seiner Untreue erfährt und endlich erkennt, was für ein schlechter Mensch er ist. Oder: Ein Mann, der einfach nicht verstehen kann, daß er so geliebt wird, wird versuchen, Fehler an der ihn liebenden Frau zu finden, um sie in seinen Augen schlechtzumachen. Wenn er sie als weniger wertvoll einschätzen kann, dann wird es für ihn verständlich, daß sie sich in ihn verlieben kann. Er findet Fehler, um seine Begeisterung von ihr abzuschwächen, um einen Grund dafür zu finden, warum er nicht so verliebt sein soll.

Wie ist es mit dir? Hast du bestimmte Vorstellungen von den Menschen, mit denen du ausgehst? Woher stammen diese Vorstellungen? Oder versuchst du viele verschiedene Menschen kennenzulernen? Findest du, daß du dich meistens mit interessanten Menschen verabredest, d. h. bist du gern mit ihnen zusammen? Haben sie Eigenschaften, die du bewundern kannst? Oder bist du oft enttäuscht und stellst fest, daß sie deine Erwartungen nicht erfüllen?

Findest du, daß du nur eine begrenzte Auswahl hast, daß einige potentielle Partner zu gut für dich sind, so wie du zu gut für andere bist?

Was interessiert dich am meisten, wenn du das erste Mal mit einer Person ausgehst? Interessiert dich der Mensch? Möchtest du gern wissen, was er oder sie wohl von dir hält? Hast du an der Person etwas auszusetzen? Wie häufig verabredest du dich im allgemeinen mit einem potentiellen Partner? Machst du dir Gedanken, ob du diesen Menschen wohl wiedersiehst? Wie findet dein Quälgeist deine Bekannten und wie, meint er, wirkst du auf sie?

Und Sex? Bist du wegen deines Körpers gehemmt oder wegen irgendwelcher Schönheitsfehler? Hat das Einfluß darauf, wieviel Spaß du an einer sexuellen Begegnung hast, oder ob du sie überhaupt erst mit einem neuen Partner suchst? Bringt dir Sex Spaß, oder belastet dich die Erwartung, daß es nun ganz toll sein muß? Hältst du dich für einen guten Sexpartner? Weißt du, wodurch du besonders zu erregen bist? Kannst du das deinem Partner mitteilen? Gibt es Dinge, die du falsch findest und die dein sexuelles Interesse abkühlen? Hast du zu selten Geschlechtsverkehr? Oder zu oft? Ist es dir je passiert, daß du mit jemandem im Bett lagst und absolut nichts empfinden konntest? Oder verlierst du manchmal mittendrin Interesse an der Sache? Weißt du, warum das so ist?

Was passiert, wenn du dich verliebst? Geschieht das leicht? Verliebst du dich in Menschen, die es gut mit dir meinen und dich nett behandeln? Hält die Liebe an? Falls nicht, was ist passiert? Verlierst du deine Illusionen von dem geliebten Menschen und bist dann enttäuscht? Weißt du, warum das so ist? Was passiert, wenn die Verliebtheit nachläßt? Kannst du die Liebe am Leben erhalten, wenn du auf den Boden der Tatsachen zurückkommst? Hast du Vertrauen in die Liebe des Partners? Hast du Angst, daß die Liebe schwächer wird und schließlich ganz verschwindet? Meinst du, daß du dem Geliebten etwas vorgemacht hast und er dir auf die Schliche kommen wird? Prüfst du jemals die Liebe eines anderen? Wie sieht das aus? Was passiert dann? Hast du jemals an denen, die du liebst, herumzumäkeln? In welcher Weise? Bist du erleichtert, wenn du Fehler bei ihnen findest? Sind deine Partnerschaften ausgewogen? Oder hast du das Gefühl, daß du noch mehr tun mußt, um diese Liebe überhaupt zu verdienen? Oder anders herum, daß du das Recht hast, dich nicht sehr zu bemühen?

Das böse Ich in Krisen und schwierigen Zeiten

Generell kann man wohl sagen, daß das böse Ich in schwierigen Krisenzeiten sich immer am lautesten bemerkbar macht, egal, in welchem Gebiet deines Lebens es nun besonders aktiv ist. In solchen Zeiten ist nämlich die Möglichkeit sich zu verändern, zu wachsen und Neues zu erleben am größten. Und der Quälgeist hat Veränderungen gar nicht gern.

Von Natur aus lösen wir Menschen gern Probleme. Schwierigkeiten geben uns die Möglichkeit, dazuzulernen und uns weiterzuentwickeln; der Quälgeist sieht es nicht immer gern, wenn wir Entscheidungen fällen und Schwierigkeiten überwinden:

«Ich habe die schlechte Angewohnheit, unangenehmen Situationen aus dem Weg zu gehen, ganz besonders, wenn es um eine Aussprache geht. Wochenlang litt ich unter einer Situation, in der eine Freundin eine Rolle spielt, mit der ich gleichzeitig auch ein kleines Geschäft betreibe. Ich hatte das Gefühl, daß ich den größten Teil der Arbeit tat und daß unser ursprüngliches Übereinkommen neu überdacht und verändert werden mußte. Ich fand ihre Art, wie sie neuen Kunden begegnete, auch nicht ganz richtig. Ich brütete wochenlang darüber, versuchte mir einzureden, daß es wirklich nicht so schlimm sei, daß ich im Unrecht sei, und daß es sich mit der Zeit schon einrenken würde. Schließlich benahm ich mich wie ein erwachsener Mensch, rief sie an und besprach mit ihr in Ruhe all das, was mich gestört hatte. Ich fand dieses Gespräch sehr gut und hatte den Eindruck, daß ich das Richtige getan hatte. Als ich den Hörer aufgelegt hatte, war ich richtig stolz auf mich, saß einen Augenblick lang da und genoß das gute Gefühl, etwas geschafft zu haben. Im Hintergrund aber hörte ich selbst da ein Stimmchen, das wisperte: ‹Na und? Du hast also angerufen, das hättest du schon vor Wochen machen sollen.› Als ich aufstand, um mir einen Tee zu machen, stolperte ich über meinen Schreibmaschinentisch und fiel gemein hin. Offensichtlich war mein erfolgreicher Anruf zuviel für mein böses Ich gewesen.»

Jeder Mensch fällt an jedem Tag seines Lebens eine Reihe von Entscheidungen, große und kleine. Heute, wo wir große Handlungsfreiheiten haben und viele Möglichkeiten zur Auswahl stehen, ist es besonders wichtig, daß man fähig ist, Entscheidungen zu treffen. Wir wägen Informationen ab, beleuchten verschiedene Möglichkeiten und treffen dann Entscheidungen, sei es darüber, wann wir aufstehen, was wir anziehen, wie lange wir die Zeitung lesen und was wir zum Frühstück essen, bis hin zu wichtigeren Dingen wie, was wir beruflich machen wollen, in wen wir uns verlieben und ob wir Kinder haben wollen oder nicht.

Der Quälgeist kann auf viele Weisen diesen lebenswichtigen Prozeß stören. Er wird uns mit soviel Information überhäufen, uns so viele widersprüchliche Meinungen eintrichtern, daß wir nur schwer, wenn überhaupt, eine Entscheidung treffen können. Er flößt uns Angst vor der Veränderung ein, die mit einer Entscheidung Hand in Hand geht, so daß wir sie am liebsten von uns fortschieben, sie auf morgen vertagen oder uns die sicherste Alternative aussuchen. Schließlich hassen wir Entscheidungen, wissen nicht mehr, was wir wollen oder was für uns gut ist. Wenn das passiert, dann spielt sich gar nichts ab. Wir treten auf der Stelle. Manchmal wird der Prozeß des sich Entscheidens so anstrengend, daß wir große Schwierigkeiten haben, überhaupt etwas zu entscheiden und wenn es sich nur darum handelt, was wir zum Mittag essen wollen.

In einer Krisensituation muß besonders im Auge behalten werden, welches Gewicht die Meinung des Quälgeistes hat, denn gerade dann hat er die Tendenz, jegliche Objektivität zu beschneiden und sein Veto einzulegen, um positive, neue Vorschläge zu überstimmen. Das böse Ich spielt immer den ungläubigen Thomas. Manchmal reißt es Aufgaben an sich, für die es nicht geeignet ist, zerstört dann jegliche Ordnung und macht abgewogene Diskussionen und einen Entscheidungsprozeß unmöglich. Weil es außerdem unwissend ist und Angst vor Zusammenhängen hat, fehlt ihm der Blick dafür, wie etwas in ein Gesamtbild paßt; es sieht nur dümmliche aber risikofreie Lösungen. Der Quälgeist kann mit der Vielfalt der Möglichkeiten, die man vor einer Entscheidung erwägen sollte, nichts anfangen. Er wird Differenzierungen ausschalten, nur damit eine eindeutige Entscheidung möglich ist, auch wenn dabei wichtige Gesichtspunkte nicht berücksichtigt werden.

Man kann sich gegen das Einmischen des Quälgeistes am besten schützen, wenn man sich bewußt wird, in welchen Krisen- und Konfliktsituationen er sich ganz bestimmt zeigen wird: wenn man neue Leute kennenlernt, wenn man sich verliebt, wenn man krank ist oder wenn man unerwartet viel Glück hat, wenn man überhaupt irgendeine Art von Veränderung ins Auge faßt. Du kannst sicher sein, daß sich der Quälgeist dann meldet, wenn Entscheidungen gefällt werden, besonders dann, wenn diese Entscheidungen etwas mit Selbstverwirklichung zu tun haben, wie zum Beispiel eine neue Stellung, eine berufliche Veränderung oder auch die Entscheidung, ein Kindermädchen teilzeitig anzustellen, damit man etwas mehr Zeit für sich hat.

Es ist nicht immer schlecht, wenn der Quälgeist bei Entscheidungen ein Wort mitzureden hat. Wenn Probleme gelöst und Möglichkeiten gegeneinander abgewogen werden müssen, kann er vorsichtige und konservative Kommentare geben, kann uns an Vergangenes erinnern. Schlecht ist nur, daß seine Ratschläge auf Einstellungen beruhen, die häufig negativ oder anzuzweifeln sind. Er trifft möglicherweise die gleiche Entscheidung, die damals vernünftig war, als du noch in die vierte Klasse gingst. Hier allerdings folgt ein Beispiel dafür, wie der Quälgeist sich einmischte, jemandem dabei eine Lehre erteilte und dadurch ein weitaus schlimmeres Unglück verhinderte:

«Eines Tages traf ich mich mit meiner Freundin in der Mittagspause, um ein paar Besorgungen zu machen. Wir gingen die Straße hinunter, und ich hielt an, um einer kleinen Gruppe von Leuten beim Kartenspiel zuzusehen. Das Ziel bei diesem Spiel ist, daß man die Position einer der drei Karten raten kann, die der Austeiler vorher mit viel begleitendem Gerede schnell gemischt hatte. Jeder weiß, daß dieses Spiel Betrug ist; diese ununterbrochen redenden Austeiler haben Helfer in der Menge, die zusehen, damit das Wetten nicht zum Stillstand kommt, und riesige Geldsummen wechseln den Besitzer. Das Ganze ist ein abgekartetes Spiel. Trotzdem verspielte ich in kurzer Zeit 50 und 150 Dollar. Wenn ich verlor, dann gewannen die Helfershelfer plötzlich eine Runde. Dann gaben sie mir ein kostenloses Spiel, damit ich dabeiblieb. Meine Freundin konnte überhaupt nicht verstehen, was ich da tat. Nach der dritten Wette, ich glaube, ich hatte schon 150 Dollar verloren, zerrte sie mich fort. Es kam mir vor, als ob ich in Trance gewesen war; ich wußte einfach nicht, was ich tat. Es sah mir überhaupt nicht ähnlich, paßte so wenig zu mir, daß es schon unheimlich war. Ich bin absolut keine Spielernatur, und ich kann diese Schwindler nicht ausstehen.

Die einzige Erklärung, die ich für dieses merkwürdige Verhalten habe, ist, daß mein Quälgeist mir etwas zeigen wollte. Kurz bevor ich zum Mittag ging, hatte mich ein Freund angerufen und mir von einem Gerücht erzählt, daß sich gewisse Firmen zusammenschließen wollten. Das hätte zur Folge, daß ein paar Tage später die betreffenden Aktien enorm an Wert gewinnen würden. Nun ist es aber gegen das Gesetz, diese interne Information auszunutzen und mit den Aktien zu handeln, und ich in meiner beruflichen Stellung durfte schon gar nicht daran denken. Und doch, als ich mein Büro verließ, war die Versuchung groß, diese Information zu nutzen und einen schnellen, sicheren Gewinn zu machen. Als ich nun an diesem Spiel auf der Straße teilnahm und verlor, wollte mir mein Quälgeist meiner Meinung nach sagen, daß ich mich nicht auf diese fragwürdigen Methoden, schnell reich zu werden, einlassen sollte.»

Die folgende «innere» Diskussion hat Maria aufgezeichnet; sie zeigt deutlich die Vielfältigkeit der sich widersprechenden Meinungen auf, wodurch eine Entscheidung oft so erschwert wird. Und doch ist es wichtig, daß man alle Stimmen zu Ende anhört, denn an der Entscheidung sollen alle teilnehmen und keine Stimme sollte die anderen niederschreien dürfen.

Sonntagabend, ungefähr halb neun. Neal Barren aus New York ruft an. Er und Arthur sind gerade hier in der Stadt. Beides sind junge, intelligente, interessante und unterhaltsame Männer. Sie sind geschäftlich in Los Angeles. Fragten mich, ob ich nicht kommen wollte, Zimmer 510; sie hätten Whisky, Tequila und gutes Marihuana. Ich könnte schon gehen. Mein Sohn ist nicht hier, und morgen früh habe ich auch keine Termine.

Einsiedler: Bleib zu Hause, Maria. Bring lieber deine Steuerunterlagen für den Steuerberater morgen in Ordnung. Wenn du das heute erledigst, dann kannst du morgen früh an deinem Buch weiterschreiben.

Maria: Gut, das werde ich tun. Aber ist es nicht nett, daß sie an mich gedacht haben? Sie sind beide so gutaussehend und intelligent. Sie müssen mich schon mögen. Neal schaffte es schon übers Telefon, daß ich mir unwiderstehlich vorkam. Ich lachte und gluckste vor Vergnügen.

Gouvernante: Er sagt, sie seien seit zweieinhalb Wochen in Los Angeles. Warum haben sie dich nicht eher angerufen? Wenn du jetzt hingehst und dich auf Marihuana, Alkohol und Sex mit ihnen einläßt, dann hast du es ihnen wirklich leichtgemacht. Das wird für zukünftige Geschäftsbeziehungen mit ihnen auch nicht gerade gut sein. Außerdem sind es zwei gegen einen. Sie könnten dich verprügeln, dich fertigmachen, und niemand würde wissen, wo du bist. Bist du ganz sicher, daß sie nicht irgendwie pervers sind und Freude daran haben, Frauen zu schlagen? Bleib lieber hier und sei nicht dumm.

Maria: Du hast recht. Ich mag deine ewige Skepsis zwar nicht, aber ich bleibe zu Hause.

Partymädchen: Verdammt noch mal, Maria. Mein Gott, mir geht es so schlecht. Nie darf ich mich amüsieren. Du hältst mich immer unter Verschluß, und ich werde daran noch zugrunde gehen. Dann wird es dir leid tun. Es wäre doch toll, sich mit ihnen zusammen anzutörnen. Zwei Bruderfiguren, wie früher mit Joe und Kelly im Kinderzimmer, immer albern und zum Kichern aufgelegt. Zwei zärtliche junge Männer, einfach perfekt. Diese Kombination ist genau das Richtige für dich und wird dir Spaß machen. Um Himmels willen, laß dich doch einmal gehen. Du lebst nur einmal. Habe Vertrauen zu ihnen. Jeremy sagte doch, daß es nur ganz selten passiert, daß Männer Frauen verprügeln. Und es ist doch ganz egal, was sie von dir denken. Nimm, was dir geboten wird.

Maria: Es tut mir wirklich leid. Ich würde auch gern gehen und mich mit diesen Knaben amüsieren. Aber ich glaube nicht, daß ich mir das leisten kann. Die Zeit, die nötige Energie, der Zigarettenqualm, andere mögliche Unannehmlichkeiten, das Risiko, daß irgend etwas Schreckliches passieren könnte, daß man mich zusammenschlagen oder erniedrigen könnte, obgleich ich das eigentlich nicht glaube, all das ist es nicht wert.

EINSIEDLER: Maria, laß mich nicht im Stich. Mache diese blöden Steuersachen noch heute abend fertig, damit du dich morgen wieder an deine Schreibmaschine setzen kannst. Du mußt dich noch auf ein Interview vorbereiten, mußt noch den Artikel für die Zeitschrift schreiben. Du mußt noch zwei Bücher fertigmachen.

MARIA: Ich jammere jetzt, weil seit Peter schon zwei Monate vergangen sind. Es ist zwei Monate her, daß mich ein Mann umarmt hat. Ich bin einsam und sehne mich nach körperlicher Nähe.

PARTYMÄDCHEN: Geh doch zum Hotel, nun los. Dein Steuerkram kann warten, die Bücher und der Artikel auch. Du brauchst ein bißchen Lebensfreude.

MARIA: Hör doch auf damit. Verleite mich doch nicht. Ich brauche so etwas überhaupt nicht. Ich will mich nicht ablenken lassen. Ich muß heute nicht mit diesen zwei oberflächlichen Typen herumschlafen, diesen Playboys auf der Durchreise, sie sind zwar jung, aber eben auf der Durchreise, ganz sicher nur etwas für den Augenblick. Zwei Wochen sind sie schon hier und rufen erst jetzt an. Morgen oder übermorgen sind sie wieder weg. Was soll das wohl bedeuten? Ganz sicher kein Zeichen von ewiger Freundschaft oder Liebe.

PARTYMÄDCHEN: Nichts ist von Dauer, du Schaf, überhaupt nichts. Du versuchst mit deinem Buch Unsterblichkeit zu erlangen, und das wird auch nicht klappen. Nichts ist von Dauer. Im Herbst fallen die Blätter. Du jagst einem Trugbild hinterher.

EINSIEDLER: Ich sage nichts mehr. Ich habe nichts mehr zu sagen. Das müßt ihr unter euch abmachen. Maria und ich haben ein reines Gewissen.

MARIA: Ja, das stimmt. Und ich habe Angst, daß ich betrunken sein werde oder von Hasch beeinflußt und dann nicht nach Hause fahren kann. Auf der anderen Seite aber finde ich es gräßlich, mir nun dieses Geschäftskuvert von meinem Steuerberater vorzunehmen. Will ich denn so leben wie er? Nein. Niemals.

EINSIEDLER: Du hast zuviel Ablenkung. Spaß ist nicht alles. Du brauchst deine Ruhe und Frieden. Weniger Berührung, weniger Spaß, weniger Unterbrechungen. Gestern hast du doch einen schönen Abend mit Carl verbracht. Das ist doch genug. Dienstag hattest du einen netten Abend mit Richard. Zwei Abende in einer Woche warst du mit Männern zusammen. Das ist genug.

MARIA: Aber sie hatten nichts mit Sex zu tun.

EINSIEDLER: Auch nicht, wenn du mit Carl über den Test sprichst, mit dessen Hilfe er sexuelles Interesse messen will?

MARIA: Da spricht man ja nur über Sex, das ist kein richtiger Sex.

EINSIEDLER: Auch das ist sexuell. Und diese Woche hast du viel mehr masturbiert als sonst. Hat das auch nichts mit Sex zu tun?

MARIA: Schon, aber ich war allein.

EINSIEDLER: An was hast du denn beim Masturbieren gedacht?

MARIA: Ich dachte dabei, daß ich mit einem Mann schlafe, der mich liebt. Möglicherweise Richard, manchmal ist er es, der mir sagt, daß er mich liebt. Ich habe überlegt, ob ich nach San Francisco fahren soll, mit ihm zum Abendessen ausgehen, dann zu ihm in die Wohnung, dann mit ihm darum streiten, ob ich bleiben soll. Dann habe ich phantasiert, daß ich mit ihm schlafe, daß er gern und viel bumst. Ja, daran habe ich beim Masturbieren gedacht.

EINSIEDLER: Dann ist es doch deutlich, daß du es dir eigentlich nicht wünschst, mit zwei jungen, oberflächlichen, redegewandten Männern zusammenzusein, die dich in der letzten Minute einladen, mit ihnen zu trinken und zu rauchen und wer weiß was noch in ihrem Hotel zu tun.

Du stellst dir lieber einen Mann vor, der dich leidenschaftlich liebt. Einen Mann, den du liebst.

MARIA: Ja, das ist klar. Mein Wunsch, in das Hotel zu gehen kommt nur von einem schlechten Traum. Neulich sprach ich mit Peter am Telefon und hatte überhaupt keine romantischen Gefühle dabei. Diese Affäre ist vorbei. Und Sex und Marihuana mit Leuten auf der Durchreise in einem Hotelzimmer, damit ist es auch vorbei. Ich muß immer nur an den Rauch denken und wie ich dann wohl nach Hause komme.

PARTYMÄDCHEN: Okay. Diesmal hast du gesiegt. Aber ich warne dich. Du mußt mich irgendwie herauslassen, mußt mich spielen lassen. Du hast diese Runde gewonnen. Geh nur an deinen verdammten

Schreibtisch. Du hast zwar diese Runde gewonnen, aber der Kampf ist noch nicht vorbei. Wir sind noch im Kriegszustand.

MARIA: Ich werde daran denken und mich daran halten. Im Moment aber haben wir Waffenruhe.

Quälgeist-Report

In diesem Report sollst du die Situationen genau beschreiben, in denen sich der Quälgeist zeigt; wichtig ist außerdem sein Verhalten in diesen Situationen, so daß du sein Auftauchen rechtzeitig erkennen und dich auf ihn vorbereiten kannst. Wenn er Einfluß nimmt, ohne daß du es merkst, dann kann er dir so lange Schwierigkeiten machen, bis du schließlich auf ihn aufmerksam wirst. Wenn du diesen Report genau führst, dann hast du so etwas wie eine Landkarte in der Hand, die seine Verstecke aufzeigt.

Schau dir noch einmal Kapitel 7 und 8 an, in dem die Stimmen des Quälgeistes aufgezählt und identifiziert werden. Gehe diese Kapitel und die Fragen, die du gerade beantwortet hast, noch einmal gründlich durch, ebenso deine Tagebücher. Vor dir liegen nun all die Daten, die du über das Verhalten deines Quälgeistes gesammelt hast. Jetzt mußt du sie auswerten, mußt sehen, wo er sich wiederholt und wo er weitschweifig wird, mußt konkrete Aussagen über deinen Quälgeist machen und Schlüsse ziehen. Jetzt wirst du herausfinden, in welchen Situationen er besonders aktiv wird. Du wirst sein typisches Verhalten erkennen, dir wird bewußt, welches seine Lieblingsausdrücke, seine Schlagworte und die Stichworte für sein Auftreten sind.

Schreibe soviele wie möglich in diesem Bericht nieder. Damit hast du dir eine Akte über den Quälgeist angelegt, in der genau steht, wann du was von ihm zu erwarten hast. Damit wirst du seine Angriffe parieren können. Deine Aussagen in dem Bericht sollten so zahlreich und so genau wie möglich sein und durch Beweise, die du gesammelt hast, unterstützt werden. Die in diesem Buch vorgeschlagenen Kategorien sollen dir dabei helfen, deine Gedanken zu ordnen.

Hier sind ein paar Beispiele für die Art der Information, die in einem Quälgeist-Report stehen könnte:

- «Der Quälgeist stellt selten meine Freundschaften in Frage – ganz sicher nicht die guten Eigenschaften meiner Freunde oder ihre Treue. Wenn er sich zu diesem Thema äußert, dann höchstens mit: ‹Wer bist du denn schon, daß du all diese wunderbaren Freunde verdienst? Wahrscheinlich kennen sie dein wahres Ich nicht.›»

- «Wenn ich mit einer Frau zusammen bin, die mich nicht sehr interessiert, dann ist alles in Ordnung. Wenn sie mir aber etwas bedeutet, dann bohre ich so lange, bis sie mir von ihren vergangenen Erfahrungen erzählt, nur um dann Vergleiche zu ziehen und über sie und mich zu urteilen. Und damit verderbe ich alles.»

- «Manchmal, wenn es mir so richtig gutgeht, wenn ich mit Freunden zusammen bin oder auch während der Arbeit, muß ich plötzlich innehalten, und ein Schreckensgefühl überkommt mich, ein körperliches Empfinden, so, als ob es mir kalt den Rücken hinunterläuft. Dann will der Quälgeist, daß es mir nicht so gutgeht. Meistens kann ich nur schwer über dieses Gefühl hinwegkommen.»

- «Immer wenn ein Abgabetermin vor der Tür steht, kannst du dich darauf verlassen, daß ich ein Dutzend Dinge finde, die ich doch noch zuerst machen muß, sei es die Wäsche, ein Anruf, eine Besorgung, ein kurzer Brief, der unbedingt noch geschrieben werden muß oder irgend etwas anderes, was ich schon Wochen vor mir hergeschoben habe.»

- «Mein Quälgeist zeigt sich ziemlich deutlich. Ich sitze den ganzen Tag an meinem Schreibtisch und starre mit einem unguten Gefühl in der Magengrube auf die Schreibmaschine, ohne daß ich ein einziges Wort zu Papier bringe. Auf der anderen Seite erlaube ich mir aber auch keine Flucht: Wenn ich sowieso nicht arbeite, könnte ich doch losgehen und mir einen schönen Tag machen.»

- «Ich erkenne meinen Quälgeist immer daran, daß er mit dem Brustton der Überzeugung sagt: ‹Das wird nicht klappen!›, und zwar jedesmal, wenn ich eine Idee habe.»

- «Jeden Morgen komme ich zu spät, obwohl ich von dem Moment des Aufwachens an nur daran denke, doch diesmal pünktlich zu sein.»
- «In letzter Zeit schafft es mein Quälgeist immer, daß ich wichtige Geschäftstermine vergesse.»
- «Mindestens fünfmal am Tag sage ich mir, ich sollte in dieser Firma schneller vorwärtskommen, oder auch, in diesem Stadium meines Lebens sollte ich mich wirklich mit Wichtigerem beschäftigen.»
- «Das Zerbrechen meiner Ehe, die Streitigkeiten, Versöhnungen und Leiden kreisen mir dauernd im Kopf herum, und andauernd frage ich mich: Was habe ich falsch gemacht, wie hätte ich es ändern können? Ich kann davon nicht loskommen.»

Wann zeigt sich der Quälgeist?

Quälgeist	oft	manchmal	selten	niemals
Körperimage				
Selbstfürsorge				
Arbeit				
Freizeit/Spiel				
Freunde				
Familie				
Sex				
Liebe				

Beschreibe jeden einzelnen Fall ausführlich:

Wo zeigt sich der Quälgeist?

Quälgeist	oft	manchmal	selten	niemals
in guten Zeiten				
in schlechten Zeiten				
bei Entscheidungen				
in Krisen				
im Konkurrenzkampf				
bei Veränderungen				

Schreibe genau auf, was er sagt:

Schreibe genau auf, was er tut:

III. Wie man fair mit sich selbst umgeht

10. Mittel und Wege, den inneren Dialog zu verstehen

Jeder Mensch hat das Recht auf ein reiches Innenleben. Jeder sollte sich seiner Vorstellungskraft, seiner Kompliziertheit und seiner Widersprüchlichkeit erfreuen können. Obgleich die meisten Menschen wissen, daß auch sie dieses böse Ich in sich tragen und ihm Einfluß auf ihr Leben einräumen, so versagen sie völlig, wenn es darum geht, Zugang zu ihm zu finden, um seine nächsten Schritte zu erfahren. Manche sind einfach zu beschäftigt, um sich mit dem Quälgeist zu beschäftigen. Sie achten nicht darauf, was in ihnen vorgeht oder hören nur halb hin, vielleicht auch aus einer gewissen Angst heraus, und sind dann entmutigt, wenn sie dieses undeutliche Geschwätz nicht verstehen können. Oder sie haben sich von dem, was in ihnen vorgeht, so abgeschirmt, daß sie die Botschaft des Quälgeistes nicht interpretieren können. Sie haben keine Zeit zum Grübeln, zum Vor-sich-Hinbrüten, sich Fragen zu stellen oder nachzudenken. Sie haben keine Verbindung mehr zu dem, was in ihnen vorgeht und errichten eine Mauer gegen alles, was ihre so mühsam aufgebaute Existenz bedrohen könnte.

Wenn man es sich zur Gewohnheit gemacht hat, etwas zu vernachlässigen, zu verneinen oder sich dagegen zu wehren, dann ist es schwierig, sich zu ändern. Aber es ist möglich. Langsam, aber sicher, in kleinen Schritten, kann man sich Neues angewöhnen, neue Kanäle öffnen und neue Fähigkeiten entwickeln. Auf diese Weise wird der Quälgeist dazu ermuntert, sich zu zeigen. Die Methoden, die hier skizziert sind, sollen dabei helfen, Zugang zu dem bösen Ich und zu unseren Verbündeten zu finden, und zwar über den inneren Dialog. Mit seiner Hilfe können wir herausfinden, was sich in uns abspielt und können in das Geschehen eingreifen.

Gespräche beim Gehen

Schon lange schätzt man das Gehen als gutes Konditionstraining. Aber Gehen hat auch auf die Psyche eine therapeutische Wirkung. Während seiner Praxisjahre in Hollywood stellte Dr. Bach fest, daß Patienten, die in ihrer Therapie nicht weiterkamen, häufig viel leichter sprechen konnten, wenn sie mit ihm einen gemütlichen Spaziergang im Park machten, ihre Sitzung also im Gehen stattfand. Die Bewegung selbst schien dabei zu helfen, daß auch die gedanklichen und gefühlsmäßigen Prozesse in Gang kamen. Auch andere Faktoren scheinen eine Rolle zu spielen. Wenn man geht und um sich schaut, während man sich um Gespräche und Einblicke in das Selbst bemüht, dann verliert dieses Bemühen etwas von dem hemmenden Zwang einer Gegenüberstellung. Der Druck läßt nach, unsere Aufmerksamkeit wird abgelenkt und Verteidigungsmechanismen werden abgebaut. Wir müssen nicht immer nur daran denken, warum wir hier sind. Je länger wir gehen, desto mehr kommt aus uns heraus, ohne daß wir viel dafür tun müssen.

Ein Gespräch mit dir selbst im Gehen ist eine angenehme und schmerzlose Weise, wie du dein böses Ich kennenlernen kannst. Du kannst sicher sein, daß es dich begleitet. Du brauchst kein besonderes Ziel, nur die Gewißheit, Zeit zu haben und abzuwarten. Mit deinen Füßen lasse auch deine Gedanken wandern. Habe keine Hemmungen, laut mit dir selbst zu sprechen.

Bei diesem Spaziergang denke daran, was am Tag so passiert ist, wen du gesehen und mit wem du gesprochen, was du an Arbeit geleistet hast und welche Annehmlichkeiten und Probleme aufgetaucht sind. Selbst scheinbar unwichtige Dinge können dir durch den Kopf gehen, zum Beispiel, was du zum Frühstück gegessen hast oder welche Farben die Blumen haben.

Warte ab, was passiert, ob irgendwelche Stimmen plötzlich hörbar werden, ob deine Gedanken in eine bestimmte Richtung gehen, die mit einem besonderen Problem zu tun hat oder ob deine Gedanken um einen bestimmten Menschen in deinem Leben kreisen. Wenn eine deiner Stimmen laut wird, wenn eine Diskussion in Gang kommt, dann unterstütze das. Befrage deine Stimmen, höre ihnen zu und mache sie zu deinen Freunden. Erlaube ihnen sich auszusprechen.

Das Gespräch beim Gehen ist eine der besten Methoden, wie man mit seinem Feind oder mit den Verbündeten in Kontakt kommt. Nimm dir jeden Tag etwas Zeit für diesen Spaziergang, je mehr, desto besser, aber auch nur ein Gang um den Block oder ein Hin- und Hergehen im Garten ist sinnvoll. Wenn du dich an das regelmäßige Gespräch gewöhnst, dann wird der Dialog offener und einfacher werden, und trotz der vielen Stimmen, die etwas zu sagen haben, wird dein Leben bereichert werden, wirst du das Gefühl der inneren Einheit und Ganzheit bekommen.

Stell dir vor, daß du bei diesem Gespräch verschiedene Partner hast. Um die Teilnehmer an dem Gespräch unterscheiden zu können, wende das an, was du über das böse Ich gelernt hast. Nimm dir Zeit für jede deiner Stimmen, ob Freund oder Feind: heute ist es der Spielverderber, morgen dein Fan. Stelle fest, was sie vorhaben. Bringe sie miteinander ins Gespräch. Treffe Abkommen mit ihnen: verhandle um Veränderungen oder besseres Betragen. Lerne dich richtig mitzuteilen. Du kannst ein Gespräch im Gehen sogar mit einem unsichtbaren Freund führen oder mit einer geschichtlichen Persönlichkeit, die dich beeindruckt. Nimm eine Überlegung auf deinen Spaziergang mit, über schöpferische Tätigkeit, über das Wetter, über Fortschritt und Macht. Du kannst ein bestimmtes Problem auf diesem Spaziergang angehen: Soll ich mich mit der Gehaltserhöhung begnügen oder mehr verlangen? Wie kann ich es vermeiden, bei der nächsten Bürofête zuviel zu trinken? Möchte ich noch ein Kind? Wenn du dich erst an diese Gespräche gewöhnt und gelernt hast, Nutzen daraus zu ziehen, dann wird dir vieles bei diesen Spaziergängen klarwerden.

Wiedergabe in Zeitlupe

Eine der schwierigsten Aufgaben bei dem Versuch, die inneren Gespräche zu analysieren, ist das Festhalten des momentanen Geschehens. Die Stimmen sprechen so schnell und alle gleichzeitig. Ihre Ausdrucksweisen und Sprachmuster sind schwer verständlich. Wenn du also das Glück haben solltest und einen Teil des Gesprächs festhalten kannst, dann kann es dir sehr helfen, wenn du das Gehörte verlangsamt wiedergeben und sehen kannst, was daraus zu lernen ist.

Es ist das gleiche wie eine Zeitlupenwiederholung im Fernsehen. Wenn ein schneller und etwas komplizierter sportlicher Wettkampf oder ein Fußballspiel zum Beispiel im Fernsehen übertragen wird, dann nehmen einige der Kameras auch Einzelheiten des Geschehens auf. Wenn es sich herausstellt, daß gerade diese Einzelheit wichtig war, dann kann sie sofort und in Zeitlupe wiedergegeben werden, damit der Zuschauer sehen kann, warum gerade dieser Teil des Geschehens so wichtig war.

Konzentriere dich also auf die Gesprächsfetzen, die du verstehen konntest, und auf die Situation, die diese Unterhaltung hervorrief, und versuche sie langsam und deutlich zu wiederholen:

«Ich befinde mich im Aufzug in einem Gebäude der Universität, wo ich mich gerade für ein Seminar über archäologische Ausgrabungsstätten angemeldet habe. Ich bin sehr froh darüber, habe aber gleichzeitig Bedenken, daß ich nicht soviel Vorbildung auf dem Gebiet habe wie die anderen Studenten und mich vielleicht lächerlich mache. Als sich der Aufzug öffnet, fällt mir ein, daß ich schon wieder vergessen habe, meine Freundin Susanne anzurufen. Ich mache mir deshalb Vorwürfe. Als ich den Aufzug verlasse, erinnere ich mich plötzlich daran, daß Larry gestern Geburtstag hatte und ich ihm keinen Glückwunsch geschickt habe. Zu dumm. Und plötzlich muß ich an eine ganze Reihe von Leuten denken, um die ich mich in letzter Zeit nicht gekümmert habe. Ganz deutlich höre ich, wie sich Marianne beschwert, daß ich mich nie auf einen Tag festlegen kann, um mit ihr ins Kino zu gehen. Plötzlich ist mir heiß, ich fühle mich eingeengt und muß daran denken, wie ärgerlich Marianne bei unserem letzten Zusammensein zu sein schien und daß ich damals dachte, daß sie mich vielleicht nicht mehr mochte. Als ich schließlich das Gebäude verließ, überkam mich aber plötzlich ein großes Glücksgefühl, weil ich mich endlich zu dem Seminar angemeldet hatte.»

Wiederhole dir diese Diskussion der Stimmen so oft wie nötig, damit du sie in allen Einzelheiten so genau wie möglich fassen kannst. Wer sprach denn da? Wodurch wurde diese Diskussion hervorgerufen? Lief sie fair ab? Hast du diese Debatte schon einmal gehört? Wer hat gewonnen? Versuche, durch wiederholte Wiedergabe dieser Diskussion gewisse Schlüsse zu ziehen, die dir im Umgang mit dem Quälgeist in Zukunft helfen können.

«Ich freute mich auf das Seminar, obgleich ich ein wenig unsicher war, ob ich da auch mitkomme. Ich war froh, daß ich mich endlich dafür eingeschrieben hatte, stolz, daß ich mich überwunden und daß ich es geschafft hatte, mir in meinem ausgefüllten Tagesablauf die Zeit dafür zu nehmen. Aber kaum hatte ich mich selbst dazu beglückwünscht, da meldeten sich schon die Stimmen des schlechten Gewissens und der Verantwortung, und der Spielverderber zeigte sich. Sie alle wollten mich daran erinnern, wie sehr ich doch meine Freunde vernachlässigt habe, zeigten mir, wie egoistisch ich sei, warnten mich, daß ich alle meine Freunde verlieren würde und gaben meiner guten Laune einen gehörigen Dämpfer. Ich solle doch lieber noch einmal überlegen, ob ich auch das Richtige getan habe. Ich weiß heute, daß ich in Wirklichkeit meine Freunde eher zu wichtig nehme und daß ich manchmal andere Pflichten aufschiebe oder etwas, was ich für mich selbst tun wollte, vernachlässige, nur um ihnen gerecht zu werden. Wenn ich mir diesen inneren Widerstreit genau ansehe, dann stelle ich fest, daß die gleiche Diskussion in etwas anderer Ausführung schon häufig stattgefunden hat, meistens, wenn ich etwas für mich selbst tun wollte und besonders, wenn es darum ging, etwas Neues auszuprobieren. Der Quälgeist sagt nie direkt nein, aber ich sehe jetzt ein, daß ich meine Freunde häufig vorschiebe, um nicht in die Versuchung zu kommen, etwas Neues zu wagen. Ich muß mir das in Zukunft immer wieder bewußt machen.»

Diese Wiedergabe-Methode kann auch angewendet werden, indem man sich auf etwas konzentriert, was vor nicht langer Zeit passierte und wo der Quälgeist wahrscheinlich am Werk war: vielleicht war es ein Streit mit Ehepartner oder Kind, etwas, was im Büro schiefgelaufen war, ein begangener Fehler, ein persönliches Versagen, ein Streit mit einem Freund oder eine falsche Entscheidung. Stell dir die Situation vor deinem geistigen Auge immer wieder vor und achte darauf, ob sich der Quälgeist vielleicht zeigt, wenn du dich auf das Kräftespiel, was da abläuft, konzentrierst. Vielleicht meldet er sich, wenn du die Erfahrung wieder durchlebst, und hilft dir zu verstehen, warum alles so gelaufen ist. Dann wirst du immer besser begreifen, wie sich der Quälgeist in bestimmten Situationen benimmt, und wenn du in Zukunft in einer ähnlichen Situation bist, dann wirst du besser wissen, wie du mit ihm fertig wirst.

Wachträume

In unserer auf Macht und Gewinn ausgerichteten Gesellschaft werden Wachträume als leichtsinnige Zeitverschwendung angesehen. In Wirklichkeit können Wachträume außerordentlich nützlich und produktiv sein. Große Künstler und Wissenschaftler haben berichtet, daß ihnen eine Inspiration nicht kam, wenn sie sich ernsthaft mit ihrer Aufgabe beschäftigten, sondern wenn sie vor sich hinträumten und aus dem Fenster starrten, statt zu «arbeiten». Durch Wachträume können wir unsere Wünsche und Sehnsüchte kennenlernen, können Einblick in unsere Hoffnungen nehmen. Sie geben uns Zeit, damit wir verschiedene Möglichkeiten gegeneinander abwägen, hypothetische Situationen durchgehen und uns kreative und einfallsreiche Pläne ausdenken können, ohne durch praktische Kalkulierungen und Überlegungen belastet zu werden, die uns zu anderen Zeiten unsere Träume allzu schnell vergessen lassen.

Wenn du dir regelmäßig Zeit für deine Wachträume nimmst und auf die Botschaften in diesen Träumen achtest, dann setzt du dich auf zweierlei Weise mit dem bösen Ich auseinander: Einmal kann der Quälgeist ganz sicher nicht seinen Mund halten, wenn du dich einer solchen «wertlosen» Beschäftigung hingibst. Und zweitens, was noch wichtiger ist, durch Wachträume kannst du auf einfache und angenehme Weise herausfinden, welches deine Ziele und Sehnsüchte sind, worüber dich der Quälgeist lieber nicht nachdenken lassen möchte. Auf diese Weise wirst du der Person näherkommen, die du letzten Endes sein möchtest.

Zweierlei ist für die Wachtraum-Methode wichtig: einmal muß man sich regelmäßig Zeit dazu nehmen. Es passiert zu leicht, daß man angeblich nie einen Moment Zeit hat, um einfach nur still dazusitzen, zu denken, sich zu besinnen. Dem bösen Ich ist das nur recht, denn es weiß, daß du dich häufig umsonst anstrengst, wenn du dir keine Zeit für Pläne und Strategien nimmst. Deshalb halte dir regelmäßig mehrmals am Tag zwei oder drei Minuten ganz speziell für deine Wachträume frei.

Als zweites solltest du deine Wachträume ein wenig planen. Meistens wirst du nur vor dich hinträumen wollen, willst deinen Gedanken einfach freien Lauf lassen und an schöne Dinge denken, zum Beispiel, wo du gerne hinmöchtest, was du tun möchtest und wen du kennenlernen möchtest. Man kann sich in seinen Wachträumen aber auch mit den Dingen beschäftigen, die einem im Augenblick besonders wichtig sind. Wenn du mit deinem Arbeitsplatz nicht zufrieden bist, einen Berufswechsel planst, dann träume von dem idealen Beruf und rufe dir all deine Fähigkeiten ins Gedächtnis, denke an all das, was du kannst. Versuche dir vorzustellen, wie es wäre, den idealen Arbeitsplatz zu haben. Wenn du mit deinem Ehepartner Streit hattest, dann male dir die Situationen aus, in der er oder sie dich verstanden hatte und liebevoll zu dir war. Wenn du in eine andere Gegend oder in ein anderes Haus ziehen möchtest, stelle dir dein Traumhaus in einer perfekten Umgebung vor. Wenn du nicht weißt, was du zum Mittag essen willst, dann stelle dir das Köstlichste vor, was du dir denken kannst.

Sandra wußte, daß sie nicht besonders modemutig war und daß sie nie wußte, was ihr gut stand. So kleidete sie sich konservativ, eben so, wie die meisten anderen. Sie sah immer nett aus. Sie hatte eine gute Figur und einen Sinn für Farben. Aber irgendwie fühlte sie sich in ihrer Kleidung immer unwohl und wußte nicht, was sie dagegen tun könnte. Eines Tages, als sie sich besonders farblos und langweilig vorkam, träumte sie vor sich hin und sah sich plötzlich in allen möglichen Kleidungsstücken und Farbkombinationen, wie sie sie noch nie getragen hatte. Sie konnte sich deutlich sehen, und zwar nicht in besonders ausgefallenen oder hochmodischen Sachen, sondern in hübschen Kleidungsstücken, die ihr ausgesprochen gut standen und die sie auch schon häufig in Läden oder an anderen gesehen, aber nie daran gedacht hatte, sie selbst zu tragen. Tief in sich hatte Sandra eine genaue Vorstellung davon, wie sie gerne aussehen wollte und was ihr stehen würde. Als sie sich nun ihren Wachträumen hingab, konnten einige dieser Vorstellungen an die Oberfläche gelangen. Seit der Zeit hat Sandra ihren Kleidungsstil ziemlich verändert, findet, daß ihre neuen Sachen ihrer Person mehr entsprechen, und gefällt sich. Das gibt ihr Mut, sich durch Wachträume auch auf anderen Gebieten besser kennenzulernen.

Der Tag des bösen Ichs

In gewisser Weise ist die Methode, einen Tag des Quälgeistes abzuhalten, der Wachtraum-Methode ähnlich, mit dem Unterschied, daß es sich hier eher um einen bösen Traum handelt. Bei dieser Methode lassen wir dem bösen Ich freien Lauf und erlauben ihm, das zu sagen und zu tun, was es nur will. Es darf so weit gehen, wie es will, darf unverschämt und anmaßend sein. Es gibt gute Gründe dafür, warum man ihn auch einmal ohne Einschränkung zu Wort kommen lassen soll. Einmal können wir so das Ausmaß und das ganze bizarre Panorama seiner Aktivitäten sehen und erkennen selbst die Randgebiete, in denen er noch wirksam wird. Was noch wichtiger ist, wenn wir selbst den Quälgeist dazu ermutigen, seine ganze Macht zu zeigen, dann merken wir auch, daß wir selbst in einer solchen, vom Quälgeist beherrschten Situation noch eine gewisse Kontrolle besitzen. Wir erfahren, daß wir uns selbst dann, wenn sich der Quälgeist von seiner schlechtesten Seite zeigt, noch gegen ihn behaupten können, ihn auslachen, ihn ködern und ihm widersprechen können. Besonders in dieser übertriebenen Situation können wir sehen, was für ein Angeber er sein kann.

Diese Übung beruht auf der Annahme, daß sich der Quälgeist schon selbst in seiner Schlinge fangen wird, wenn du ihm nur genug Leine gibst. Außerdem werden dabei einige der Tricks angewandt, die der Quälgeist selbst so gern benutzt. Für diese Übung sollst du folgendes beachten: Wähle dafür einen Zeitpunkt, an dem du dich stark genug fühlst, das böse Ich Amok laufen zu lassen und nicht gerade, wenn du eine wichtige Entscheidung vor dir hast oder wenn du erschöpft und verwundbar bist. Wenn sich der Quälgeist zeigt, versuche, ihn nicht zu ignorieren, sondern versuche, ihn zu ködern, ihn aus der Reserve zu locken. Du kannst so tun, als ob er stärker ist als du, als ob du allem, was er sagt, zustimmst, seiner Meinung bist und nachgibst. Wenn der Quälgeist sich über dein Aussehen ausläßt, während du dich gerade schminkst, dann tu so, als ob du ihm zustimmst. Verleite ihn zu immer unverschämteren Bemerkungen und füge noch deine eigenen dazu: «Findest du, daß meine Augen zu dicht beieinander stehen? Ja, was hältst du denn dann von dieser langweiligen Haarfarbe? Kann man denn das Frisur nennen? Warte bloß, bis du die alberne Bluse siehst, die ich mir anziehen will.»

Wenn du häufig bei Partys zuviel trinkst und dann Dinge sagst, die du nicht so meinst, dann erkläre dir und deinem Quälgeist, daß du diesmal noch mehr als sonst trinken und dann erst richtig ausfallend werden wirst.

Wenn du immer dann krank zu werden scheinst, wenn du dich unter Druck befindest (oder wenn Dinge gerade besonders gut laufen), dann tue das bewußt. Nimm dir vor, krank zu werden, denke immer daran, suche nach Krankheitssymptomen, genieße es.

Wenn der Quälgeist etwas hat, worauf er besonders gerne herumhackt, dann versuche das nächste Mal nicht, ihn davon abzulenken. Hau in dieselbe Kerbe, denk dir noch Zusätzliches aus.

Ein Künstler, der das Gefühl der blockierten Kreativität gut kennt, berichtete:

«Es war an einem jener leider zu seltenen Tage, wo ich intensiv, konzentriert und fieberhaft in meinem Studio gearbeitet hatte, ohne daß ich von den üblichen Gedanken und Zweifeln abgelenkt wurde. Als ich schließlich einen Moment innehielt, weil ich hungrig war, hatte ich das Gefühl, daß ich wirklich etwas geschafft hatte und war froh und glücklich, daß ich meinen alten Tatendrang wieder spürte. Ich ging in Richtung Küche, voller Ideen für den Nachmittag, ja sogar für die Arbeit der ganzen nächsten Woche. Also, es war wirklich ein Witz. Erst verschüttete ich das Terpentin und brauchte eine Viertelstunde, um alles aufzuwischen. Dann stolperte ich über die Lampenschnur, ließ meine Post fallen und konnte mich plötzlich nicht mehr an eine Telefonnummer erinnern, die ich schon seit Jahren kannte. Dann konnte ich den Flaschenverschluß nicht öffnen. Glücklicherweise merkte ich, daß der Quälgeist am Werk war, daß er mich anscheinend herausfordern und all die guten Gefühle des Morgens auslöschen wollte. Da ich immer noch in guter Stimmung war, beschloß ich, ihn irrezuleiten. Während ich allerlei erledigte, redete ich laut vor mich hin: ‹Warum wähle ich nicht die falsche Nummer, wenn ich Amy anrufe? Ihr ist es wahrscheinlich sowieso egal, ob ich anrufe. Ich glaube, ich verschütte meine Suppe. Huch! Sieh an! Beinahe ist ein Unglück geschehen. Mal sehen, ob ich es nicht schaffe, mir mit dieser Dose in den Finger zu schneiden. Ich will mal meine Vitaminpillen umstoßen. Ich bin wirklich sehr ungeschickt. Und eigentlich war es gar nicht so wunderbar, was ich da diesen Morgen geschaffen habe. Ich glaube, ich gehe lieber wieder zurück in mein Studio und vernichte alles.›

Es wirkte Wunder. Der Quälgeist war begeistert. Ich dachte mir immer schlimmere Sachen aus. Mir wurde klar, wie mein Quälgeist arbeitet: Er sabotierte nicht meine Arbeit, sondern den anderen Teil meines Lebens und hielt mich auf diese Weise davon ab, wieder an die Arbeit zu gehen. Jetzt kann ich seine immer gleiche Methode erkennen und besser damit zurechtkommen; ich lasse mich nicht mehr so leicht ablenken, und die Anfälle von Unfähigkeit lähmen mich nicht mehr so. Jetzt kann ich über das kindische Verhalten des Quälgeistes lachen; er taucht seltener auf; ganz sicher ist sein Einfluß nicht mehr so verheerend wie früher.»

Der Tag des Quälgeistes kann mit einer Austreibung verglichen werden. Wenn er freigelassen wird, rennt er sich selbst zu Tode. Wenn du ihn auslachst: «Das kann doch nicht dein Ernst sein!» – «Ich habe die Nase voll von dir!» – öffnest du sozusagen eine Eiterbeule und läßt die bösartigen, destruktiven Beschimpfungen herauslaufen.

Das mag dir albern oder auch gefährlich vorkommen. In Wirklichkeit zeigt es nur, daß der Quälgeist viel von seiner Macht, dich zu verletzen und zu vernichten, verliert, selbst wenn er sich so wild und unverschämt wie möglich benimmt, wenn du dir nur bewußt bist, daß er da ist und du dich auf seinen Angriff vorbereiten kannst. Wenn man den Quälgeist so betrachtet, dann fängt er an, uns lächerlich vorzukommen; es wird leichter, seine Nörgelei als unwichtig abzutun, sich zu wehren und seine Fallen zu vermeiden.

Hast du schon einmal von der Fähigkeit gehört, Kontrolle über seinen eigenen Verstand zu haben? Beim Tag des Quälgeistes passiert genau das Gegenteil: diese Kontrolle wird fallengelassen. Wir lockern unseren angstvollen und nervösen Griff und geben dem, was in uns vorgeht, die Freiheit. Und es stellt sich heraus, daß sich nicht das fürchterliche, gegen jede Vernunft arbeitende Untier zeigt, sondern daß da nur der Quälgeist sitzt, der sich blamiert.

Träume

Träume erzählen uns viel über das böse Ich und unsere inneren Verbündeten. Träume sagen die Wahrheit, sie sind kreativ und handeln von Dingen, die uns im wachen Zustand beschäftigen. Es gibt da nur eine Schwierigkeit: Die meisten Menschen können sich nur schwer an ihre Träume erinnern. Oder sie erinnern sich nur flüchtig oder nur an einen kleinen Teil eines ausführlichen Traumes. Der Quälgeist übt bei Träumen eine unbarmherzige Zensur aus; er will ja nicht, daß man ihm auf die Schliche kommt, er will ja nicht, daß wir Probleme anpacken und lösen.

Selbst wenn man sich an seine Träume erinnern kann, so sind sie doch häufig verwirrend und scheinen überhaupt keinen Sinn zu geben.

Sie kommen einem seltsam vor, sogar furchterregend und stecken voller Symbolik und Anspielungen, die uns im wachen Zustand unsinnig erscheinen.

Die Bedeutung von Träumen ist vielleicht von Psychiatern, die der Freudschen Lehre genau folgen, überbewertet worden. Viele Laien haben keine Lust, die Bedeutung, die den Träumen zugemessen wird, ernst zu nehmen und können mit den Interpretationen von bestimmten Traumsymbolen nichts anfangen. Sie haben Schwierigkeiten zu glauben, daß Lilien immer Unschuld bedeuten, daß ein langer Flur immer die Scheide und eine Stange immer den Phallus symbolisiert und daß bestimmte Zahlen und Farben eine ganz bestimmte Bedeutung haben müssen. Darin steckt viel Hokuspokus, besonders wenn die Interpretationen der Symbole mit ihrem eigentlichen Leben anscheinend überhaupt nichts zu tun haben. Man muß an Träume vielleicht etwas weniger pedantisch, etwas unbekümmerter herangehen und sie persönlicher sehen. Träume sind personenbezogen und idiosynkratisch, nur der individuelle Mensch selbst kann die Bedeutung seiner Träume fachkundig interpretieren. Außerdem können sie interessant und unterhaltend sein. Im besten Fall helfen sie uns dabei, neue Ideen zu untersuchen und Probleme zu lösen, indem wir unbewußte Hilfsmittel verwenden, die uns im wachen Zustand nicht zur Verfügung stehen. Träume eröffnen uns ein breiteres Spektrum unseres Selbst.

Die Fähigkeit, sich auf seine Träume zu konzentrieren und sich an sie zu erinnern, ist bei jedem Menschen unterschiedlich ausgeprägt. Es gibt Menschen, die sich nie an ihre Träume erinnern und wenn, dann nur ganz selten, für einen kurzen Moment oder nur einzelne Teile davon. Es gibt andere, die sich manchmal deutlich an einen ganzen Traum erinnern können. Und es gibt noch andere, die sich an alle ihre Träume erinnern und jeden Morgen drei bis zehn geträumte Geschichten erzählen können. Manche haben ganz deutliche Träume, in denen sie «wach» sind und wissen, daß sie träumen; manchmal können diese Menschen den Verlauf ihrer Träume von sich aus ändern.

Wir können uns nicht dazu zwingen, uns an Träume zu erinnern, denn unser Gewissen, daß eine Zensur ausübt, macht es uns nicht so leicht. Außerdem ist es unwahrscheinlich, daß lebenslange Angewohnheiten über Nacht verändert werden können und wir eines Tages plötzlich aufwachen und einen ausführlichen Traum in Farbe wiedererzählen können. Wir können aber versuchen, die Hindernisse, die uns von unseren Träumen fernhalten, langsam abzutragen, indem wir uns klarmachen, daß unser Quälgeist nicht möchte, daß wir von unseren Träumen profitieren und indem wir weniger Angst vor seiner Macht haben. Das böse Ich möchte uns einreden, daß unsere merkwürdigen, verwirrenden Träume etwas Schreckliches verbergen. Dabei müssen wir uns in Wirklichkeit nur vor dem Quälgeist in acht nehmen und uns vor Unwissenheit hüten, wenn es um die Bedeutung der Träume geht. Wenn man die Maßstäbe der realen Welt an sie anlegt, dann sind alle Träume fremdartig und seltsam; aber alles, was in Träumen passiert, ist akzeptabel und sollte uns keine Angst einjagen. Wir müssen uns also mit dem Teil von uns verbünden, der sich für Weiterentwicklung und Lebensfreude einsetzt und verstehen, daß unsere Träume uns dabei helfen können, eine kreative und vollständige Persönlichkeit zu werden.

Mach dir vor dem Einschlafen klar, daß du Träume haben wirst und daß du dich gern später daran erinnern möchtest. Wenn du aufwachst, bewege dich sowenig wie möglich, sprich nicht oder denk nicht an den Tag, der vor dir liegt. Liege still und sieh zu, ob du nicht noch irgendeinen Teil deines letzten Traumes fassen kannst. Viel mehr kannst du nicht tun und Erfolge werden sich vielleicht nicht sofort einstellen. Wenn du das jedoch jeden Abend zuversichtlich machst, dann ist es auch wahrscheinlich, daß du dich an einen Fetzen deines Traumes erinnern kannst und später dann immer häufiger immer größere Teile davon behältst.

Was dann? Schreibe deinen Traum auf, er ist schwer faßbar. Wichtig ist dies: es hängt allein von dir ab. Es ist dein Traum, deine eigene Schöpfung. Der Traum hat die Bedeutung, die du ihm geben willst, und letzten Endes kannst nur du allein seinen Wert erkennen. Es kann dir helfen, wenn du die Interpretationen der Grundsymbole kennst, aber die Wahrscheinlichkeit ist groß, daß ein Traum von einem langen Flur oder von der Zahl 13 für dich eine direktere und persönlichere Bedeutung hat, als im Traumwörterbuch steht. Wenn du deinen Traum aufgeschrieben hast, achte darauf, ob dir sofort eine bestimmte Bedeutung dieses Traumes klarwird:

«Ich habe wahrscheinlich deshalb von einem Fußballspiel geträumt, weil ich heute zum erstenmal mit Herbert ausgehe und er an Sport sehr interessiert ist. Ich bemühte mich sehr, dem Spielverlauf zu folgen, obgleich ich es nicht recht verstand. Die Reihenfolge, das Spielfeld, die Art der Trikots, alles schien unsinnig. Wieder glaube ich, daß ich so empfand, weil ich auf Herbert gespannt bin, ich kenne ihn noch sehr wenig.»

Vielleicht kannst du die Bedeutung des gesamten Traumes und seinen Zusammenhang mit deinem Leben erkennen. Wenn nicht, mußt du die einzelnen Teile deines Traumes genauer betrachten.

Der nächste Schritt ist also, den Traum in Einzelkomponenten aufzugliedern. Jedes bißchen ist wichtig, jedes Bild hat eine Bedeutung, selbst wenn man sie nicht so schnell fassen kann. Wer kam in deinem Traum vor? (Es ist interessant, daß wir in unseren Träumen selten allein vorkommen, ob damit gesagt werden soll, daß der Mensch ein geselliges Tier ist?) Wo fand der Traum statt? War es im Zimmer oder in einer Landschaft? Was hatten die Akteure an? Waren irgendwelche Zahlen oder Farben besonders auffallend? Was wurde gesagt? Wurden bestimmte Ausdrücke verwendet? Wann fand das Geschehen im Traum statt und in welchem Zeitraum? Wie war die Stimmung in den Träumen? Was passierte?

Welche Bedeutung hat jede dieser Einzelheiten? Das hängt von dir ab. Schau dir jedes Teil einzeln an, achte auf deine Reaktion und darauf, welche Verbindungen du vielleicht knüpfen kannst. Laß deiner Phantasie freien Lauf. Sei mit deinen Interpretationen und Spekulationen einfallsreich und großzügig. Denke dir die ausgefallensten Erklärungen aus und nicht nur eine, sondern phantasievolle und auch ernsthafte:

«13 könnte Pech bedeuten. Oder es heißt, eins mehr als ein Dutzend, ich bin also ein Überbleibsel. Oder es steht für eine 1 und eine 3 bei der Lotterie. Oder es bedeutet, daß ein Trimester 13 Wochen hat, oder daß Kanal 13 im Fernsehen irgendeine Bedeutung hat.»

Strenge dich nicht übermäßig an. Wenn dir nichts einfällt, dann ist das nicht so furchtbar wichtig. Und wenn dir die richtige Interpretation einfällt, dann wirst du sie auch als solche erkennen und ihr vertrauen.

Nicht jeder Traum ist bedeutungsvoll. Hier ist Leonores Bericht:

«Eines Nachts wachte ich auf und war davon überzeugt, daß ich in meinem Traum gerade den Sinn des Lebens entdeckt hatte. Ich war zwar noch ganz vom Schlaf benommen, aber wollte diese gewaltige Enthüllung in meinem Traum mir nicht entgehen lassen. Ich griff nach Papier und Bleistift, die immer auf meinem Nachttisch liegen, schrieb meinen Traum auf und schlief gleich danach wieder ein. Sobald ich am nächsten Morgen aufwachte, fiel mir der Traum ein, und ich griff zitternd vor Erwartung nach dem Papier. Der Sinn des Lebens! Donnerwetter! Quer über das Papier war folgendes gekritzelt: ‹Weißt du wieviel Sternlein stehen an dem blauen Himmelszelt?›

Leonore konnte nur wenig Sinn in ihrem «tiefgründigen» Traum sehen. Sie hatte seit Jahren nicht an diesen Kindervers gedacht, noch hatte sie sich besonders mit Fragen nach dem Sinn des Lebens beschäftigt. Vielleicht wollte ihr Traum sie nur daran erinnern, daß sie das Leben – oder ihre Träume – nicht zu ernst nehmen sollte.

Manche Fachleute glauben, daß wir in unseren Träumen nur das Geschehen des Tages verarbeiten, damit unser Hirn es dann wie überflüssigen Abfall wegwerfen kann. Eine andere Theorie behauptet, daß wir in unseren Träumen Schwierigkeiten aus unserem wachen Leben lösen. Im Normalfall wachen wir nur auf, wenn wir die Probleme der Träume nicht lösen können und erinnern uns dann auch nur an diese Träume.

Die folgenden Träume schrieb Beatrice auf, als sie gerade an dem Seminar über das böse Ich unter Dr. Bachs Leitung teilnahm. Jeder Traum für sich genommen ist nicht besonders exotisch oder signifikant. Jeder ordnet die Vorfälle und Informationen des täglichen Lebens neu und interpretiert sie. Wenn man aber die Träume zusammen betrachtet, dann zeigt sich ein bestimmtes Muster. Beatrice machte sich Gedanken um ihren Beruf, wieviel Zeit sie damit zubrachte, wieviel er ihr bedeutete, wie er ihr Leben und ihre Familie beeinflußte. Ihr wurde deutlich, daß sie viele widersprüchliche Empfindungen wegen ihres Berufes hatte, und sie konnte in ihren Träumen die Botschaften von inneren Feinden und Verbündeten klar sehen. Sie zwang sich nun bewußt, sich mit diesem Thema zu beschäftigen, um zu irgendeiner Entscheidung zu kommen. Hier sind kurze Beschreibungen ihrer Träume und ihre zusammengefaßten Interpretationen:

Traum: «Der Leiter unseres Supermarktes hier rief mich an und bot mir eine Teilzeitarbeit im Laden an. Ich erinnere mich, daß ich dachte, wahrscheinlich fände ich die Arbeit uninteressant, aber vielleicht sollte ich es machen, weil ich dann mehr verdienen könnte. Aber ich erwartete Hausgäste, und es würde jetzt mit dem Haus voller Leute besonders schwierig sein, eine neue Stelle anzutreten (zu der, die ich sowieso schon hatte). Der Traum endet damit, daß ich nicht wußte, ob ich den Supermarkt-Job annehmen soll.»
Interpretation: «Am Abend vorher hatte ich mich mit einem unserer Gäste

unterhalten (viele alte Freunde waren zur 50-Jahre-Feier unserer Abteilung gekommen). Seine Frau hatte gerade angefangen, vollzeitig zu arbeiten, und ich hatte plötzlich Gewissensbisse: Wieso schaffte ich es nicht, vollzeitig zu arbeiten?»

Traum: «Ich wollte mit meinen Kindern ein Picknick machen. Wir fuhren über eine hohe Brücke; auf der anderen Seite war eine Art abschüssiger Rampe, die direkt auf den Picknickplatz führte. Die Bäume, die auf dem Platz standen, sahen ausgesprochen surrealistisch aus und hatten Federn statt Blätter. Einen fand ich besonders interessant, seine Äste waren sorgfältig beschnitten und sahen wie Pampasgras aus. Ich fragte mich laut, wie man wohl einen Baum so beschneiden könne, und jemand sagte: ‹Frag doch die Barnets, die haben so einen.›»
Interpretation: «Ich glaube, das hat wieder mit unseren Hausgästen zu tun. Alte und gute Freunde, die Barnets, die früher hier gewohnt hatten, kamen nach Santa Monica, und ich hätte sie so gern mit Pflaumen von einem Baum aus ihrem früheren Garten überrascht. Aber nicht nur, daß da jetzt ja jemand anderes in dem Haus wohnte, ich konnte noch nicht einmal ein paar Pflaumen von Baum klauen, weil die Zweige zu hoch waren.»

Traum: «Ich nahm an einem großen Empfang teil und sah plötzlich einen Freund. Ich versuchte mich in seine Richtung durch die Menge zu schlängeln, weil ich gern wissen wollte, wie es ihm in seiner neuen Stellung gefiel. Aber in der Menschenmenge verlor ich ihn immer wieder aus den Augen (ich bin klein).»
Interpretation: «Hat immer noch mit der Feier zu tun. Wir gaben für einige der Gäste ein Abendessen bei uns zu Hause, und mein Mann hatte einen der Teilnehmer aus den Augen verloren, den er mit zu uns nach Hause hatte bringen sollen. Jeder hatte ihn auf dem großen Empfang gesehen, nur mein Mann nicht. Es war jemand, der vor kurzem seine Stelle gewechselt hatte.»

Traum: «Ich war mit einem Zirkus unterwegs. Die Karawane bestand aus einer Reihe von handgeschnitzten hölzernen Wagen; alle waren mit kunstvollen Mustern geschmückt und rot angestrichen; wir wohnten auch darin. Es war nicht klar, was ich da bei dem Zirkus machte, der Traum konzentrierte sich ganz auf die sorgfältige und kunstvolle Handschnitzerei.»
Interpretation: «Ich glaube, das hat mit dem kommenden Besuch meiner Freundin Cindy zu tun. Nachdem ihr Mann in den letzten Tagen des Korea-Krieges gefallen war, verdiente sie sich ihren Unterhalt, indem sie wunderschöne Truhen schnitzte und verkaufte.»

Ein freierer Zugang zu den eigenen Träumen kommt langsam, aber mit etwas Übung ist es möglich. Das böse Ich ist vorhanden, du wirst es erkennen, wenn es sich zeigt. Das Wichtigste ist, daß du immer mehr über das böse Ich erfährst. Mit etwas Glück kannst du über deine Träume vielleicht sogar lernen, wie du mit deinen Quälgeistern umgehen mußt; sie sind auf alle Fälle eine weitere Möglichkeit, Informationen zu sammeln, die dir in deinem Kampf gegen den Quälgeist helfen können. Außerdem macht es Spaß, über seine Träume nachzudenken, während man beim Morgenkaffee sitzt.

11. Wie macht man sich das böse Ich untertan?

Wenn man das böse Ich und seine Methoden kennengelernt hat, dann hat man erst die Hälfte des Weges zurückgelegt, der zu einer gewissen Kontrolle über das eigene Innenleben führt. Auf der zweiten Hälfte muß man Fähigkeiten und Strategien entwickeln, um den Quälgeist zu stellen und zu bekämpfen.

In diesem und dem nächsten Kapitel werden Übungen und Methoden vorgestellt, die weder schwierig sind noch viel Zeit beanspruchen. Häufig werden nur Wege angedeutet, werden Möglichkeiten aufgezeigt, wie man mit dem Quälgeist kämpfen kann. Eine ganze Reihe von unterschiedlichen Taktiken werden beschrieben. Dieses Kapitel konzentriert sich auf Fertigkeiten, wie mit dem Quälgeist umzugehen ist, besonders auf Regeln, Anleitungen und Methoden für faire Diskussionen und Gespräche mit den inneren Stimmen. Kapitel 12 beschäftigt sich mit Waffen gegen den Quälgeist, mit Taktiken und Ritualen, wie mit dem bösen Ich umzugehen ist.

Aus eigener Erfahrung und durch Informationen und Beweise, die du bisher gesammelt hast, weißt du jetzt ziemlich genau, wo die Stärken und Schwächen deiner inneren Stimmen liegen und wie gut du mit ihnen auskommst. Aus den Kapiteln 11 und 12 kannst du dir nun die Übungen heraussuchen, die in deinen individuellen Plan passen, wie du deinem bösen Ich zu Leibe rückst. Du sollst eine Kampfstrategie entwickeln, mit der du dich gegen das böse Ich wehren kannst. Das Aufstellen eines solchen Planes ist schon eine Manifestation dafür, daß du dich gegen das böse Ich und für dich selbst, für deine Entwicklung und ein erfülltes Leben entschieden hast.

Der Plan, den Quälgeist unter Kontrolle zu bekommen, sollte auf deine spezifischen Bedürfnisse zugeschnitten sein. Du solltest nicht nur Übungen wählen, die deinen persönlichen Problemen angemessen sind, sondern der Plan sollte auch davon abhängen, wieviel Zeit und Mühe du bei diesem Kampf einsetzen willst. Plane keine Veränderungen, die so weitreichend sind, daß du sie doch nicht durchführen kannst, und bemühe dich nicht um Übungen, die dir eigentlich nicht liegen. Der Kampf mit dem bösen Ich muß langsam, aber ausdauernd geführt werden. Mit Hilfe der Übungen wirst du allmählich stärker und weniger anfällig für die Angriffe des Quälgeistes. Wenn du dir so diese einfachen Methoden immer mehr zu eigen machst, wird dein Selbstvertrauen wachsen, wirst du den Mut haben, etwas zu wagen, wirst du an die Realität des Heute glauben und nicht mehr an der undefinierbaren, dich deprimierenden Vergangenheit festhalten. Wir brauchen uns hinter einer lächelnden Maske nicht mehr hilflos und wenig liebenswert vorzukommen. Wir sollen mit uns selbst streng sein, aber auf eine verständnisvolle Weise. Wenn das böse Ich uns nicht mehr soviel Angst einjagt, können wir uns auf tolerantere Weise mehr für die eigene Person interessieren, ohne daß wir uns selbst so schrecklich ernst nehmen müssen. Wir betrachten uns mit wohlwollendem Interesse und sind nicht mehr so einengend streng und selbstkritisch mit uns selbst. Wir versinken seltener in diese introvertierte Nabelschau, die uns davon abhielt, uns anderen wichtigen Menschen in unserem Leben zuzuwenden.

Umgangsformen

Tatsache ist, daß du der Vorsitzende im Parlament deiner inneren Stimmen bist. Wenn diese Aufgabe falsch gehandhabt oder vernachlässigt wird, werden die Stimmen aufsässig und zusammenhanglos und diejenigen, die von Vorwärtsentwicklung und Kreativität sprechen, werden von der Partei des Quälgeistes übertönt. Ein fähiger Vorsitzender soll eine Zusammenarbeit zwischen den einzelnen Stimmen anregen können, soll dafür sorgen, daß Ordnung und Disziplin erhalten bleiben, daß eine faire Diskussion angeregt und ermöglicht wird. Wenn du es lernst, mit dem Quälgeist frei zusammenzuarbeiten, dann kannst du auch ohne Hemmungen und ohne Furcht mit ihm umgehen. Wenn das in einer sicheren, unbedrohlichen Atmosphäre geschieht, wo Schläge unterhalb der Gürtellinie nicht erlaubt sind, kann dir der Quälgeist den Wind nicht aus den Segeln nehmen und dich nicht auf ein angstvoll zitterndes Häufchen Unglück reduzieren.

Vergiß nicht, daß du eine Atmosphäre des Wohlwollens schaffen willst, in der du dich mit dem Quälgeist auseinandersetzen kannst. Du willst, daß er sich deine Taktiken zu eigen macht, deshalb vermeide seine ausgesprochen unfairen und gemeinen Methoden. Wenn du dich ihm gegenüber fair benimmst, wenn du ihn aussprechen läßt, ihm zuhörst, seine Sätze nicht verdrehst und bei der Wahrheit bleibst, bringst du ihn dazu, mit deinen Waffen zu kämpfen. Du mußt allerdings immer auf der Hut sein. Er kann so wahnsinnig charmant und fürchterlich vernünftig sein. Du mußt hinter seine glatte Fassade blicken lernen, aktiv nach den Schwächen in seinen Argumenten suchen, sie aufzeigen und aufpassen, daß Beleidigungen und unwahre Behauptungen sich nicht einschleichen. Und du mußt dich darauf gefaßt machen, daß er von Natur aus dir und deinen Wunschträumen feindlich gesinnt ist. Wenn du eine kontrollierte und ausgewogene Atmosphäre für diese Debatten schaffen kannst, dann ist es einfacher, die widersprüchlichen, komplexen Behauptungen der vielen Stimmen zu tolerieren.

Gesprächsführung

Eine Hauptaufgabe für dich als Vorsitzenden ist die Leitung des Gesprächs, wann welche Stimmen zu Wort kommen und für wie lange. Du mußt dafür sorgen, daß jeder auf gerechte Weise angehört und niemand einfach niedergeschrien wird, daß Botschaften deutlich überbracht und auch empfangen werden und daß wohlwollende Stimmen zur Teilnahme an der Diskussion aufgefordert werden, wenn der Quälgeist zu unverschämt wird. Wenn Dinge einseitig betrachtet werden, mußt du das innere Parlament einberufen und für Ordnung sorgen. Wenn das böse Ich teilnimmt, wird es versuchen, sämtliche Aufmerksamkeit auf sich zu lenken. Dann kommt es darauf an, daß du diejenigen in ihre Schranken verweist, die die Debatte lahmlegen oder immer wieder mit denselben Argumenten kommen wollen, um den demokratischen Prozeß aufzuhalten. Du kannst einer Stimme, die nicht zum Ende kommen will, das Wort verbieten, oder du kannst mit ihr verhandeln, daß sie dem Opponenten die gleiche Sprechzeit zugesteht. Du kannst dem Verschleppungstaktiker zugestehen, daß du ihn ein anderes Mal bis zum Ende anhören willst. Besonders diejenigen Stimmen, die seit Jahren schon wie eine defekte Schallplatte immer wieder dasselbe sagen, sollten so früh wie möglich zum Schweigen gebracht werden.

Sprich direkt mit dem Quälgeist: «Du brauchst zuviel Zeit.» – «Du bist nicht der einzige, der etwas zu sagen hat.» – «Nicht, während ich mitten in der Arbeit stecke. Ich spreche später mit dir.»

«Ich habe festgestellt, daß ich die Faselei des bösen Ichs auf einen passenderen Zeitpunkt verschieben kann, wenn es mir weniger ausmacht. Vor einem Monat war ich in Philadelphia, um einen Vortrag zu halten und einen Preis in Empfang zu nehmen. Als der Zeitpunkt des Vortrages immer näher rückte, fing der Quälgeist wirklich an, mich fertigzumachen. ‹Du hast doch nichts Wichtiges zu sagen. Sie halten dich alle für einen aufgeblasenen Schwätzer. Was hast du denn schon Tolles geleistet? Es war doch dein Freund, der diesen Preis angeregt hat, du hast allen etwas vorgemacht.› Der Schuft wollte einfach nicht aufhören. Es wurde immer schlimmer; als Leute auf mich zukamen, um mit mir ein paar Worte zu wechseln und als ich mit meinem Vortrag begann, befand sich sein Geschrei auf dem Höhepunkt. Schließlich schrie ich ihn innerlich an: Verdammt noch mal, halte deinen Mund. Hör jetzt auf damit. Wir sprechen später darüber. Wie durch ein Wunder verschwand er. Der Vortrag ging glatt über die Bühne, und ich konnte die Glückwünsche meiner Kollegen freundlich entgegennehmen. Aber, du liebe Zeit, auf der Heimreise nach New York fing er wieder an. Und doch war es jetzt nicht so schlimm. Mein Vortrag lag hinter mir, er konnte da nichts mehr verderben.»

Die Parteien müssen gleich stark sein

Die Methoden für eine faire Diskussion sind wirklich einfach. Erst einmal müssen die Opponenten das gleiche Gewicht haben. Wenn das böse Ich nicht gestoppt werden kann, kann es ungemütlich werden: «Du Idiot, warum glaubst du denn, daß du diesen Bericht bis morgen früh schaffen kannst? Du hast ihn nur immer vor dir hergeschoben und nichts gemacht. Brummt dir nicht der Schädel? Du mußt noch zehn Anrufe erledigen, mußt die Kinder abholen und hast noch nicht einmal eine rechte Vorstellung davon, was du schreiben willst. Deine Recherchen hast du auch nicht gründlich durchgeführt ...» Und so weiter. Selbst wenn hin und wieder ein Stimmchen dazwischenpiepst mit: «Aber ich habe das bisher doch jedesmal geschafft.» Oder: «Ich habe aber gar keine Kopfschmerzen», das ist kein würdiger Gegner für den

Quälgeist. Wenn der nämlich erst einmal in Fahrt kommt, dann braucht es stärkere Munition. Laß dich nicht davon beeindrucken, daß er sich wie im Gerichtssaal aufführt. Am liebsten zeigt er sich, wenn du dich unter Druck und verwundbar fühlst, wenn ein Berg von Schuldgefühlen auf dir lastet. Jetzt mußt du einen Moment innehalten, eine Pause ausrufen, während der du deine Verbündeten zum Widerstand aufrufst. Gehe in Gedanken die Liste deiner hilfreichen Stimmen durch, um zu sehen, wer in dieser Situation mit entgegengesetzten Aussagen dich unterstützen und dir helfen kann. Überlege dir die Entgegnung für den Quälgeist: «Was redest du da? Ich habe bisher jeden Bericht rechtzeitig abgeliefert. Außerdem weiß man, daß ich die besten Berichte in der Firma schreibe. Ich weiß schon, was du sagen willst (es schadet nie, ihn ein bißchen zu besänftigen), aber ich weiß auch genau, was ich sagen will, selbst, wenn ich es noch nicht aufgeschrieben habe. Meine Recherchen sind so gründlich wie immer. Dieses wird wahrscheinlich der beste Bericht, den ich je geschrieben habe.»

Gewöhn es dir an, positive Handlungen und Bemerkungen in deiner Erinnerung zu speichern, besonders wenn es um Themen geht, die immer wieder auftauchen, damit du Munition für die Debatten mit dem Quälgeist hast. Wenn er dann versucht, dich plötzlich zu überrumpeln und zu tyrannisieren, dann hast du schon eine Reihe von positiven Informationen zur Hand, mit denen du dich wehren kannst.

Konsequent und unbeirrbar

Meinungsverschiedenheiten sollten langsam und vernünftig behandelt werden. Wichtig ist jedoch zurückzuschlagen, bevor der Quälgeist sich allzusehr aufblasen kann. Dadurch wird die Gefahr geringer, daß er sich so aufplustert, daß du einfach zu erschöpft und demoralisiert bist, um dich richtig zu wehren.

Wechselt euch beim Sprechen ab. Laß den Quälgeist nicht das Gespräch an sich reißen. Antworte auf jede seiner Bemerkungen sofort:

Er: Dieses Tennisspiel kannst du nie gewinnen.
Du: Ich bin doch am gewinnen, oder?
Er: Das bleibt aber nicht so.

Du: Dies ist doch schon der letzte Satz, und ich bin weit im voraus.
Er: Aber so ist das doch immer bei dir. Anfangs geht alles gut, dann kannst du dich plötzlich nicht mehr konzentrieren.
Du: Aber heute nicht. Heute habe ich ihn in der Hand. Und letzte Woche habe ich auch gegen ihn gewonnen, erinnerst du dich?
Er: Wem machst du denn was vor? Gleich wirst du deinen Aufschlag verpatzen. Siehst du, ist schon passiert. Und das wird nur der erste ...
Du: Hör doch auf. Das wird der einzige Fehler bleiben. Ich will dieses Spiel gewinnen, nur um es dir zu beweisen. Hier, ein perfekter Aufschlag.
Er: Ja, aber das ist nur der Anfang. Du siehst viel müder aus als er.
Du: Wenn du mich mit meinen Aufschlägen nicht fertigmachen kannst, dann versuchst du es damit, daß ich doch müde aussehe. Du bist wirklich lächerlich. Ich könnte noch zwei Sätze spielen, ohne ins Schnaufen zu kommen.

Ein dauerndes Überwachen und Kontrageben wirkt in diesen Situationen Wunder. Wenn der Quälgeist seine ganzen Bemerkungen ohne Widerrede hätte machen können, dann wäre die Tennisspielerin davon überwältigt worden. Aber indem sie sich gegen diesen widerlichen Angeber behauptete und ihn dazu zwang, fair zu sein, konnte sie seinen Einfluß in dieser kritischen Zeit gewaltig einschränken.

Ende der Diskussion

Debatten mit dem Quälgeist sollten nie so einfach im Sande verlaufen, aus Erschöpfung zum Beispiel, oder weil es nichts mehr zu sagen gibt. Ein offiziell festgestelltes Statement am Ende einer Debatte oder ein daraus folgender Beschluß gehören zu einem fairen Spiel dazu. Vielleicht genügt schon ein: «Okay, genug für heute». Oder: «Laß uns morgen weiter darüber sprechen». Oder: «Du hast etwas Wichtiges angesprochen.»

Der innere Dialog als Hilfe bei der Lösung von Problemen

Wenn du erst mehr Kontrolle über deinen Quälgeist hast, kannst du dich auch mehr darauf konzentrieren, dir deinen inneren Dialog auf konstruktive Weise zunutze zu machen. Statt zu erlauben, daß die Gespräche auf nicht produktive Weise zusammenhanglos ablaufen, kann man spezifische Debatten anregen, kann aktuelle Probleme diskutieren oder bestimmte Stimmen miteinander ins Gespräch bringen.

Es ist gut, wenn man sich angewöhnt, sich so oft wie möglich mit Situationen, die einen gerade bedrücken, auseinanderzusetzen und sie zu bereinigen. Andernfalls könnten sie sich festsetzen und sich in ihrer Bedeutung aufblasen. Und das macht sich sofort der Quälgeist zunutze.

Wähle eine Situation, in der du dich vor kurzem deiner Meinung nach dumm oder verletzend benommen hast. Es kann sich dabei um eine Kleinigkeit oder einen entscheidenden Fehler handeln. Es kommt darauf an, daß sich negative Gefühle gar nicht erst ansammeln können, die sich wie Seepocken an einem Boot ansiedeln und es in seiner freien Fahrt behindern:

- Warum habe ich Margarete nicht angerufen?
- Warum habe ich soviel zum Mittag gegessen?
- Warum habe ich meinen Sohn wegen einer Kleinigkeit so angeschrien?
- Warum rede ich mir immer wieder ein, daß meine Freundin Marie nie genug Zeit für mich hat?

Sprich mit dir selbst und versuche herauszubekommen, was wirklich passiert ist. Sorge dafür, daß die Situation nicht ungeklärt bleibt. Rufe deine Verbündeten herbei, damit der Kampf fair bleibt.

Ein Beispiel:
Verbündeter: Warum hast du Margarete denn nicht angerufen?
Das böse Ich: Mir war nicht danach.
Verbündeter: Das stimmt doch nicht, da spielte doch noch etwas anderes mit.
Das böse Ich: Um die Wahrheit zu sagen, ich fand sie letztes Mal ein bißchen langweilig.

Verbündeter: So, ich dachte, du mochtest sie ganz gern.
Das böse Ich: Das schon. Ich hatte heute soviel zu tun und keine Zeit.
Verbündeter: Eine Minute hättest du schon gehabt. Du hattest wahrscheinlich Angst, sie anzurufen.
Das böse Ich: Wieso, ich habe doch nie Angst, Frauen anzurufen.
Verbündeter: Vielleicht magst du sie ja wirklich gern.
Das böse Ich: Ja, und warum habe ich sie dann nicht angerufen?
Verbündeter: Ich versuche dir das ja zu sagen, du bist schüchtern. Du hast Angst, daß sie kein Interesse hat.
Das böse Ich: Nein, ich bin ziemlich sicher, daß sie mich mochte.
Verbündeter: Ziemlich sicher ...?
Das böse Ich: Ich bin sicher. Aber ich wußte nicht so recht, was ich sagen könnte.
Verbündeter: Aha, jetzt kommen wir den Dingen schon näher. Warum überlegst du dir denn nicht, was du sagen könntest?
Das böse Ich: Ich mag so was nicht planen, ich tue das lieber spontan.
Verbündeter: Na, wenn du dich weiterhin so spontan verhältst, dann wirst du nie mehr mit ihr sprechen.
Das böse Ich: Ich sehe, was du sagen willst. Ich werde es mir überlegen.
Verbündeter: Gut. Es ist ja kein Verbrechen, schüchtern zu sein. Das ist doch nur menschlich.
Das böse Ich: Ich rufe sie morgen an.

Wenn ein bestimmter Vorfall von allen Seiten beleuchtet und richtig verstanden worden ist, dann lasse davon ab. Diese kurze Diskussion sorgte dafür, daß der Fall nicht aufgebauscht und nicht mißverstanden wurde. Außerdem lernte sich dieser Mann besser kennen, und es wurde ihm die Lösung für ein Problem (seine Schüchternheit) aufgezeigt, was ihm nicht einmal bewußt gewesen war.

Es ist besonders wichtig, klar Schiff zu machen, wenn man sich schon lange mit demselben Argument herumgequält hat. Wenn du immer nur darüber brütest, daß du in einer bestimmten Situation einen Fehler gemacht hattest, dann mußt du irgendwie davon loskommen. Sonst kann der Quälgeist es in seinem Waffenlager speichern und für zukünftige Angriffe auf dein Selbstbewußtsein verwenden. Zweierlei ist dazu nötig: Gib offen zu, daß du diesen Fehler begangen hast, aber weise alle anderen Anklagen und Beleidigungen, mit denen der Quälgeist dich außerdem noch überhäufen will, energisch zurück. Und sprich es auch deutlich aus: «Es war wirklich gedankenlos von mir, daß ich Karens Geburtstag vergessen habe. Aber ich habe ihr ja noch einen verspäteten Glückwunsch geschickt. Ich hatte diese Woche auch wirklich viel zu tun und war Karen sonst immer eine treue Freundin.» Du kannst im Laufe einer Diskussion mit dem Quälgeist die Verantwortung für dein Versagen auf dich nehmen; dann wird dieser Fall in der richtigen Perspektive gesehen, und der Quälgeist kann nicht noch weitere Beschuldigungen und unerwünschte Nörgeleien bei dir abladen. Diese Methode hilft besonders in Fällen, die einen schon viele Jahre lang verfolgt haben und deren ursprüngliche Bedeutung nicht mehr erkennbar ist. Setz dich mit deinem bösen Ich auseinander, bis du die dramatischen Übertreibungen durchschauen kannst und die Wahrheit findest. Es kann dich enorm erleichtern. Arthur erzählte:

«Viele Jahre lang hat mich die Erinnerung an einen gewissen Vorfall verfolgt und mit ‹vielen Jahren› meine ich etwa fünfzig: Ich ging mit meiner kleinen Schwester in den Zirkus, als ich zehn und sie sieben war, und zwang sie so nahe an die Elefanten heranzugehen, daß sie aus Angst in die Hose machte. Und dann verhöhnte ich sie deshalb. Ich sehe alles noch ganz deutlich vor mir, wie der Zirkus aussah, was sich abspielte, was wir gegessen haben, was wir anhatten und was ich zu Cynthia sagte. Mein Verhalten von damals schien mir so schrecklich, daß ich mich immer unwohl fühlte, wenn ich mit meiner Schwester zusammen war, auch wenn wir heute einander sehr nahestehen und keine Schwierigkeiten miteinander haben. Der Quälgeist ließ mich diesen Vorfall nicht vergessen und quälte mich damit. Jedesmal, wenn er mich deswegen anklagte, deprimierte es mich. Schließlich wurde mir klar, daß der eigentliche Vorfall in keinem Verhältnis zu der Strafe stand, und ich setzte mich mit dem Quälgeist auseinander. Ich argumentierte laut, zählte all die positiven Dinge auf, die ich für Cynthia getan hatte, selbst an dem Tag beim Zirkus. Wenn er jetzt anfängt, mich wegen Cynthia auszuschimpfen, dann habe ich schon eine Antwort parat. Und ich merke schon, wie seine Angriffe schwächer werden.»

Wenn du mit Schuldgefühlen und Anklagen wegen eines bestimmten Vorganges reinen Tisch machen willst, dann mußt du dich selbst befreien, indem du dich selbst für das bestrafst, was du deiner Meinung nach wirklich falsch gemacht hast. Das klingt vielleicht zu einfach oder zu hart, aber du kannst sicher sein, daß dein Quälgeist die Aufgabe des Richters und Henkers nur zu gerne übernimmt. Er wird dich weiterhin auf seine einzigartige Weise strafen, und zwar weitaus länger und strenger, als es dein sogenanntes Verbrechen verdient.

Arthur machte sein Benehmen seiner Schwester gegenüber nicht dadurch wieder gut, daß er sich nun übermäßig bei ihr entschuldigte oder versuchte, dauernd etwas für sie zu tun. Er bestrafte sich, indem er sich zwang einen Tag lang seinen Keller aufzuräumen und zu streichen.

Strafe ist eine Waffe, mit der der Quälgeist besonders streng umgeht. Wir nehmen ihm von seiner Macht, wenn wir ihm diese Waffe entreißen und uns selbst belohnen und bestrafen.

Es hilft, wenn man einen bestimmten Ablauf für die Bestrafungen, wie auch für die Belohnungen, festlegt. Auf diese Weise kommen wir dem Quälgeist zuvor. Wenn dann etwas passiert, das dir leid tut und weshalb du dich schuldig fühlst, dann kannst du das festgelegte Bestrafungsritual ablaufen lassen, statt daß der Quälgeist das Urteil verkündet, dich verspottet und seine Bestrafung anwendet, sei es, daß er dich zum übermäßigen Trinken verleitet, oder dich in eine Depression verfallen läßt.

Diese Methode kann auch in der umgekehrten Situation verwendet werden. Zu leicht übersehen oder unterschätzen wir das Gute, das wir tun. Vollbrachte Leistungen und gute Taten müssen ebenso beachtet werden, wenn wir dem Quälgeist Paroli bieten wollen. Überlege dir, wo du dich kürzlich besonders hervorgetan hast, wo du besonders hilfreich warst, dich richtig oder fürsorglich verhalten hast. Und wieder stelle dieses Verhalten als Frage zur Debatte:

- Warum habe ich Bea solange bei ihrem Projektentwurf geholfen?
- Wie habe ich es geschafft, dieses schwierige Tennisspiel zu gewinnen?
- Wie konnte ich all diesem kalorienreichen Essen beim Abendessen widerstehen?

In diesem Fall sollst du dich natürlich beglückwünschen und deine Leistung, wo angebracht, belohnen. So kannst du die positiven Stimmen ermutigen und stärken.

Ein wichtiger Nachsatz zu Arthurs Geschichte:

Als Arthur sich entschlossen hatte, etwas wegen dieses ewig schlechten Gewissens seiner Schwester gegenüber zu unternehmen, fragte er Cynthia, was sie denn an diesem Vorfall erinnerte. Das fiel ihm beinahe erst im nachhinein ein, weil er zwischen ihr und sich reinen Tisch machen wollte und um endlich diese belastende Erinnerung loszuwerden.

Man stelle sich seine Überraschung vor, als sich herausstellte, daß sie sich an diesen Tag völlig anders erinnerte, daß er ihrer Meinung nach nie so häßlich und gemein gewesen war, wie er meinte. Er sei den ganzen Tag beim Zirkus nett zu ihr gewesen und wäre ganz entsetzt und beschämt gewesen, als er gemerkt habe, wie sehr er sie erschreckt habe. Er sei dann mit ihr auf die Toilette gegangen, hätte ihr geholfen, die nasse Hose auszuziehen und sie zu waschen, hätte sie in den Arm genommen und sich immer wieder entschuldigt.

Man kann daraus etwas lernen: Das böse Ich schreibt häufig die Geschichte um, damit sie in sein negatives, bekrittelndes Drehbuch paßt; es sucht sich nur die schlechten Dinge heraus und bläst sie übermäßig auf. Es zahlt sich aus, wenn man auf diese verzerrten Berichte aus der Vergangenheit achtet. Erinnerungen, die dich verfolgen, ebenso wie jetzige Vorfälle, die dich verwirren, solltest du möglichst bald mit einem objektiven Zeugen durchsprechen, damit du dich nicht länger dem bösen Ich auslieferst.

Streitfragen und Gewohnheiten

Über den inneren Dialog kann man auch aktuelle Streitfragen diskutieren, kann man seine Gedanken und Gefühle bei Dingen, die einem wichtig sind, besser kennenlernen.

So zum Beispiel:

- Mein Aussehen
- Liebt . . . mich?
- Werde ich in meinem Beruf weiterkommen?
- Bin ich ein aufrechter Mensch?
- Was ist der Sinn des Lebens?
- Was für Ziele habe ich?
- Was sollen meine Kinder von mir lernen?

Du kannst auch Debatten anregen, in denen sich die inneren Stimmen mit entgegengesetzten Meinungen gegenüberstehen. Auf diese Weise lernen sie die direkte Konfrontation: der Zauderer und der Draufgänger, der Pessimist und der Optimist, der Angsthase und der Abenteuerlustige, der Schöpferische und der Ideenlose.

Das Schwierigste im Umgang mit dem Quälgeist ist, ihn von der Gewohnheit abzubringen, immer wieder dieselben, einseitigen Reden zu schwingen. Er spezialisiert sich auf immer dieselben Leidensgeschichten, die Argumente, die sich nur im Kreise drehen und Angewohnheiten, durch die wir uns selbst strafen. Der Quälgeist bringt immer wieder bestimmte Dinge aus deinem Leben zur Sprache, auf eine Weise, die zwar vorhersagbar, aber dennoch nicht weniger vernichtend ist. Seine Schmährede befaßt sich vielleicht mit deinem Gewichtsproblem oder wie du deinen damaligen Freund behandelt, wie du dir die Chancen bei einer Stellung verdorben hast oder sonst mit irgendeiner Kleinigkeit aus deiner Vergangenheit. Oder das böse Ich aalt sich mit Genuß in deinem jetzigen Unglück, sei es Einsamkeit, Geldmangel oder eine unglückliche Ehe, und benimmt sich dabei so dominierend, daß alle konstruktiven oder hilfreichen Bemerkungen unterdrückt werden. Aus dieser Routine des Quälgeistes auszubrechen ist besonders schwierig, weil sie sich so eingelaufen hat und wir von ihr schon so geschwächt sind.

Wenn sich das böse Ich auf ein bestimmtes Thema, auf eine Schwäche oder Furcht von uns versteift, dann ist seine Macht beinahe unerschütterlich. Das Durcheinander, die Qual und Verwirrung, die daraus entsteht, ist beträchtlich, und die Zeit- und Energieverschwendung sind enorm. Und wenn es einmal damit angefangen hat, dann kann es nur schwer gebremst werden.

Im folgenden sind Auszüge aus Evelyns Tagebuch zusammengefaßt, das sie führte, als sie an dem Seminar über das böse Ich teilnahm. Obgleich schon Monate vergangen sind, seit sie von ihrem Mann getrennt lebt, wird sie noch von Gefühlen der Einsamkeit überwältigt. Evelyn möchte anscheinend mit ihrer Trauer und Einsamkeit Schluß machen, aber das böse Ich hat sich in einer so starken Position verschanzt, hat noch eine solche Gewalt über sie, daß sie einen vergeblichen Kampf führt:

Sonntag

7.00–7.15 Wachte auf und ließ im Bett meine Gedanken wieder um dieselben Dinge kreisen: hier bin ich nun wieder im Haus meiner Freundin, kann einfach Samstagnacht nicht in meiner eigenen Wohnung verbringen; werde ich das jemals fertigbringen – und er ist nicht allein –

7.15–7.30 Halt! Ich stand auf und setzte meine Grübeleien im Badezimmer fort; ich muß heute nach Hause, und Sonntag ist es immer am schlimmsten. Werde ich mich wie üblich so einsam fühlen, wenn ich schließlich allein zu Hause bin? Ich habe soviel zu tun, ich muß einfach arbeiten und nicht nachdenken. Ich werde abends zwei Stunden arbeiten und dann einen Strandspaziergang machen. Punktum.

12.30–12.40 Sobald ich durch meine Tür trete, überfällt mich die Einsamkeit wie eine Welle, die Erinnerungen, alles ist aus – halt! Ich fange mit meiner Wäsche an und gieße die Blumen.

16.00–16.15 Nach der geplanten Arbeitsperiode kam der Strandspaziergang. Und – hierfür mußt du nun wieder an deinen bestimmten Platz gehen – nun bin ich doch wieder ganz allein an einem Sonntagnachmittag, ich Ärmste, warum immer ich? Es ist ein so schöner Tag, und ich bin allein. Eine Stimme sagt: Genieße die Ruhe und Schönheit des Tages, mache mit deiner Arbeit weiter. Du bist ein guter Mensch und in Ordnung. Eine andere Stimme dagegen: Bist du nicht einsam? Dann wieder mein Freund: Ich will mich nicht einsam fühlen, ich habe das gar nicht nötig. Stop! Ich bereite weiter für den Unterricht vor, sehe Arbeiten nach.

21.30–22.00 Fühle mich allein, die Schule geht morgen wieder los. Das Wochenende ist vorbei, und er hat nicht angerufen. Ich weiß, daß es aus ist. Stelle den Fernseher an, dann wieder aus.

22.00–22.15 Bin wütend: warum habe ich bloß an ihn gedacht, sobald ich wach war? Warum kann ich nicht mal einen Morgen aufstehen, ohne an ihn zu denken? Ich bin so ärgerlich auf mich, wenn ich mir selbst leid tue. Aber ich bin auch stolz auf mich, daß ich eine ganze Menge geschafft habe, daß ich mich heute mit mir allein zeitweise auch ganz wohl fühlte, daß ich nur eine Freundin anrufen mußte und daß ich mein Abendbrot zu Hause gegessen habe. Komme mir gut vor.

Montag

5.15–5.30 Wachte aus einem Traum auf, in dem mein Mann und meine Schwester vorkamen. Sie ist gerade in Südamerika. Kam mir sehr allein vor, sie fehlten mir beide sehr. Das Mühlrad fängt an, sich im Kopf zu drehen: Ich habe solche Schwierigkeiten aufzustehen. Tatsache ist, ich bin allein, warum kann ich mich nicht daran gewöhnen? Wann wird dieses Gewicht, was auf mir lastet, jemals leichter werden? Immer wenn ich aufstehe, bin ich mit der Zeit knapp, ich muß zur Arbeit. Wenn ich doch noch fünf Minuten länger schlafen könnte! Ich versuche es, nein, lieber nicht. Halt! Ich fange an, mich auf den Arbeitstag vorzubereiten.

8.45–8.50 Pause im Lehrerzimmer, ich fühle mich allein, warum hat jeder jemanden und nur ich nicht? Warum scheint jeder außer mir so glücklich? Halt! Meine gute Stimme sagt: Vielleicht sind sie glücklich und du wirst es auch sein. Du mußt dich jetzt an die Arbeit machen und es gut machen.

14.20–14.30 Unterricht ist vorbei. Bin wieder mein unbekümmertes Selbst: gleichgültig, müde und allein, aber es macht mir nichts aus.

21.30–22.00 Bin wütend: Du hast es wieder fertiggekriegt, Evelyn, sobald du aufwachst, läßt du dich von Träumen beeinflussen und fühlst dich wieder allein, bist am Verzweifeln. Aber diesmal bist du schneller damit fertig geworden, diesmal hat es nur zehn Minuten gedauert. Man kann sich auch ruhig mal so fühlen, besonders, wenn man von geliebten Menschen träumt, die weit weg sind. Habe heute an meine Schwester geschrieben.

Dienstag

5.15–5.30 Wachte auf, und Einsamkeit lastete wie ein Stein auf mir, hatte wieder geträumt. Er hat nicht wie sonst gestern abend angerufen. Es ist aus, warum bloß? Wir hatten so viel, und nun ist es vorbei. Ich merke, wie meine chaotische Seite die Überhand gewinnt, bin verwirrt, denke tausend Dinge gleichzeitig. Warum begibt er sich nicht in psychologische Behandlung? Ich tue es doch auch, und er ist derjenige, der es eigentlich brauchte. Gott, ich glaube, daß es wirklich alles bald aus ist, und ich kann nichts dagegen tun. Aber will ich denn etwas dagegen tun? Gestern abend konnte ich nicht arbeiten, ich sollte aufstehen und heute früher in die Schule gehen. Das Chaos beginnt mich zu überwältigen – halt! Stand auf und bereitete mich auf den Unterricht vor.

14.15–14.30 Gefühl der Einsamkeit, als der Unterricht vorbei ist. Hatte Zeit, an ihn zu denken, daß wir nie wieder beisammen sein würden. Werde ich jemals jemand anderen kennenlernen? Meine gute Stimme sagt: Ja, eines Tages schon, aber denke jetzt nicht daran – halt! Ich fange an, Arbeiten nachzusehen und besuchte dann ein paar Kollegen in ihren Klassenzimmern.

22.00 Bin wütend: Ich hatte morgens wieder angefangen, mich selbst zu bemitleiden, aber es waren diesmal nur fünf statt zehn Minuten.

Mittwoch

5.20–5.25 Wachte wieder mit dieser Last auf, fühlte mich allein. Er hat nicht angerufen – ich kann ihn nicht anrufen – er will mich wahrscheinlich bald anrufen – er fehlt mir – er denkt wahrscheinlich auch an mich, aber ich fehle ihm nicht – ich wünschte, ich könnte jemanden kennenlernen, ich werde es auch – hoffentlich – ich muß Geduld haben – manchmal komme ich mir so allein vor – halt! Stand auf und begann mich für die Schule fertigzumachen.

14.00–14.05 Nach dem Unterricht, wenn die Anspannung nachläßt, fange ich an, mich allein zu fühlen – er hat immer noch nicht angerufen. Er fehlt mir, und ich scheine ihm überhaupt nicht zu fehlen – ich wünschte, ich könnte jemand anderes kennenlernen – halt! Ich bin in Ordnung, ich bin gesund und alles wird gut werden. Ich ging ins Lehrerzimmer zu den anderen Lehrern.

21.00–21.10 Als ich so vorm Fernseher saß und Eis aß, fühlte ich mich allein – niemand hatte angerufen – und das Mühlrad fing wieder an, sich zu drehen – befand mich wieder an derselben Stelle – es ist aus – halt! Wut: Ich tue mir immer noch selbst leid, auch heute morgen war das wieder so – ich wünschte, ich könnte damit aufhören und statt dessen daran denken, wie gut ich es doch habe: Ich bin gesund, habe einen Beruf, der mir gefällt und eine schöne Wohnung. Aber ich bin auch stolz, daß ich jetzt die positiven Seiten etwas schneller sehe, die mir sagen: Ich bin schon gut so, und ich werde es schaffen; stolz, daß das Gefühl der Einsamkeit schneller vorbeiging.

Donnerstag

5.15–5.20 Wachte mit einem Stein im Magen auf – beschloß, sofort aufzustehen und meine Gedanken aufzuschreiben, bevor die alte Leier losgeht. Ich spüre auch noch beim Schreiben diesen Druck im Magen, aber ich bereite mich jetzt auf die Schule vor, habe keine Zeit zum Grübeln.

Es passiert leicht, daß einen die wiederholten Angriffe des bösen Ichs praktisch hypnotisieren, besonders wenn sie schon eine lange Zeit stattgefunden haben. Wir können von unserer Unfähigkeit uns zu verteidigen, so entmutigt werden, daß wir schon aufgeben, wenn wir nur die wohlbekannten Töne wieder hören. Wir können dann noch nicht einmal die Stärke aufbringen und ihnen das Wort verbieten.

Wie kann man aus diesem Teufelskreis ausbrechen? Indem man jede nur mögliche Waffe gegen den Quälgeist verwendet. Und indem wir Gleiches mit Gleichem bekämpfen. Das böse Ich verbraucht mit seinen Anklagen eine unverhältnismäßig große Menge Zeit und Energie. Du mußt versuchen, einen Teil des Terrains, das von der fraglichen Angelegenheit mit Beschlag belegt wurde, wieder zurückzugewinnen, und das geht am besten, wenn man eine ebenso wirkungsvolle Routine entwickelt. Rufe deine verbündeten Stimmen zu Hilfe, konzentriere dich auf die Bereiche in deinem Leben, in denen der Quälgeist nichts zu sagen hat, und sammle so Material, womit du die Meinung des Feindes widerlegen kannst. Schreibe alles auf, damit du diese Information das nächste Mal zur Hand hast, wenn die kaputte Schallplatte wieder aufgelegt wird. Denke dir deine Gegenrede aus, möglichst logisch, deutlich und überzeugend, so daß du ein angemessener Gegner für den Quälgeist wirst.

«Ich bin stolz darauf, wie ich mit meiner Scheidung fertig geworden bin. Ich ließ mich von Neds Drohungen nicht einschüchtern. Schon ein paar Wochen später hatte ich mehrere Termine für Vorstellungsgespräche. Als es um das Besuchsrecht der Kinder ging, war ich fair, obgleich ich noch wütend war, und ich rede nie schlecht über ihn, wenn die Kinder dabei sind. Ich lerne es, allein zu sein, lerne auch allmählich wieder Männer kennen und werde auch bald wieder mit ihnen ausgehen. Ich habe Freunde, die ich anrufen und mit denen ich zusammensein kann. Ich kann über meine Fehler lachen. Ich habe es in ein paar Monaten wirklich schon ziemlich weit gebracht.»

Übe diese Rede ein, schmücke sie noch weiter aus. Und jedesmal, wenn diese Angelegenheit zur Sprache kommt, ob das nun täglich, stündlich oder nur dann passiert, wenn du dir einmal etwas Zeit für dich selbst nehmen willst, dann behandle den Quälgeist, wie er dich immer behandelt. Wenn wir diese neue Rede wieder und wieder vorbringen, wenn sie monotoner und zur Routine wird, dann wird auch sie zur zerbrochenen Schallplatte, aber einer für uns positiven, die zur mächtigen Waffe gegen das dauernde Gemecker des Feindes werden kann.

Schlechte Angewohnheiten sind ohne Zweifel ein Zeichen dafür, daß der Quälgeist am Werk ist. Alkohol, Rauchen, dauernde Unpünktlichkeit, Geldverschwendung, all das sind seine Lieblinge, sie sind wirklich gefährlich. Und sie sollten bekämpft werden, indem man auch hier einen bestimmten Gegenangriff entwickelt.

«Ich habe mich bemüht, mir abzugewöhnen, zuviel Geld auszugeben, eine Angewohnheit, die immer schlimmer wurde. Wenn ich nur irgendein winziges Problem hatte, dann war meine erste Antwort darauf, mir erst einmal etwas, irgend etwas, zu kaufen; vor mir selbst rechtfertigte ich das allerdings mit verschiedenen Gründen. Ich bekäme Kopfschmerzen beim Lesen, also sollte ich mir eine neue Leselampe kaufen. Es wäre doch einfacher, wenn ich noch eine zweite Kamera mit Objektiven im Büro aufbewahrte. Es lohnte sich schon, guten Brandy im Haus zu haben, für alles hatte ich eine Entschuldigung. Dann stellte ich fest, daß immer, wenn irgend etwas schiefging – und selbst wenn nichts schiefging – sich eine kleine Stimme in meinem Kopf meldete und sagte: ‹Du brauchst unbedingt ...› Es war schon zu einem Schlagwort geworden, was sich nie änderte.

Jetzt habe ich gelernt, sofort zurückzuschlagen mit: Ich habe alles, was ich brauche. Ich sage nicht mehr und nicht weniger und das jedesmal. Und wenn die Debatte noch weitergeführt wird, dann achte ich darauf, daß ich bei jeder Gelegenheit etwas dazu sage. Ich zähle auf, was ich habe. Ich mache mich über das lustig, was mir der Quälgeist als unbedingt notwendig einreden will. Was soll ich denn mit einem zweiten Tonbandgerät? Ich habe auch noch andere Dinge geändert. Früher hatte ich immer viel Bargeld bei mir, das ist auch ein schlauer Trick des Quälgeistes, so daß ich leicht auf einen Impuls hin Geld ausgeben konnte. Nun habe ich nur das Nötigste da und ich habe auch nur eine Kreditkarte. Der Kampf ist noch nicht ausgefochten, aber mit jedem Mal, wo ich der Versuchung widerstehe, wird es das nächste Mal einfacher. Und es gibt mir neue Munition gegen den Quälgeist in die Hand.»

12. So bekommst du dein böses Ich unter Kontrolle

Das böse Ich besitzt ein riesiges Munitionslager für den Kampf gegen dich. Es erinnert sich an jeden deiner begangenen Fehler, jeden peinlichen Moment, jede Ungeschicklichkeit und an jeden Augenblick, an dem dich die Panik ergriff. Es bewahrt alles auf: interessante Kleinigkeiten, über die geklatscht wurde, zerbrochene Träume und Gelegenheiten, die versäumt wurden. Schwächen, Makel, Achillesfersen und anstößiges Benehmen – über alles wird sorgfältig Buch geführt. Und zu jeder Zeit kann unser Quälgeist diese Munition hervorholen. Manchmal ist sein Angriff so unerwartet, so schwer, so unbarmherzig, daß wir gelähmt sind; wir sind geschockt und unfähig, uns zu wehren. Die beste Verteidigung ist, unsere eigenen Waffen gegen den Quälgeist zusammenzutragen, damit wir auf den Kampf vorbereitet sind. Dafür gibt es viele Möglichkeiten.

Buch führen

Der Quälgeist besitzt nicht nur ausführliche Aufzeichnungen über alles Schlechte, was mit deiner Person zu tun hat, sondern die Information ist außerdem so zusammengestellt und aufbewahrt, daß er sie jederzeit zur Hand hat und so vorbringen kann, daß sie dich besonders verletzt. Um diese Angriffe abwehren zu können, mußt du dir deine eigenen Akten über all das anlegen, worauf der Quälgeist so gern immer wieder herumhackt. An all den Punkten, an denen du verletzlich bist, mußt du die Argumente des Quälgeistes widerlegen können. Notiere dir, in welchen Bereichen du dich besonders kompetent fühlst. Führe alle Gründe auf, warum du bei deiner Arbeit erfolgreich bist, warum dir das Zusammenkommen mit Fremden nichts ausmacht. Schreibe auf, was du Positives für deine Kinder tust und auf welche Weisen dein Partner dir zeigt, daß du ihm viel bedeutest. Sammle Beispiele, um deine Behauptungen zu untermauern. Diese Akten solltest du dir hin und wieder «ansehen», damit du nicht erst lange nach einer Verteidigung suchen mußt, wenn der Quälgeist dich in die Enge getrieben hat.

Wenn du dich mit dem Quälgeist auseinandersetzt, wenn der innere Dialog dir erst besser zugänglich wird, wirst du feststellen, daß auch der Quälgeist verletzlich ist. Bei manchen Themen wird er nachgeben, von bestimmten Bemerkungen eingeschüchtert sein. Schreibe all das in deine Akten über ihn. Allmählich wird das böse Ich an Grund und Boden verlieren; dann solltest du auf der Hut sein und deine Verbündeten in diesen freigewordenen Gebieten ansiedeln. Wenn einer gesunden Weiterentwicklung des Selbst mehr Raum gegeben wird, werden auch gute Gefühle und positive Handlungen ermutigt.

Probe-Diskussionen

Der Quälgeist hat die Tendenz, immer dann aufzutauchen, wenn wir uns gerade amüsieren oder mitten in einer wichtigen Angelegenheit sind, um dann alles zu verderben. Wenn du auf sein Verhalten vorbereitet bist, kann er dir weniger schaden. Jetzt sind dir sicher schon viele Situationen bewußt geworden, in denen der Quälgeist normalerweise Schwierigkeiten macht. Du kannst seinen Einfluß häufig abschwächen, wenn du dich darauf vorbereitest. Dabei hilft besonders, wenn du in Gedanken die Situation schon einmal durchlebst und dir überlegst, was wahrscheinlich passieren wird und wie du dem Quälgeist Kontra geben kannst, wenn er sich einmischt.

Vielleicht brauchst du dich nur daran zu erinnern, daß du wahrscheinlich die Namen deiner neuen Kollegen aus lauter Nervosität vergessen wirst, wenn du ihnen morgen vorgestellt wirst. Du solltest also besonders aufpassen.

Vielleicht solltest du dich besonders bemühen, daran zu denken, daß du deine Kamera für die Bilder vom Schulabschluß deiner Tochter richtig einstellst und es nicht wieder vergißt wie sonst bei wichtigen Anlässen.

Es kann sehr nützlich sein, eine schwierige Situation schon vorher einmal in Gedanken durchzuspielen. Du solltest eine genaue Vorstellung davon haben, was du deiner Tochter sagen wirst, wenn du ihr die 2-Tage-Reise mit ihren Freunden verbietest. Denke an ähnliche Situationen in der Vergangenheit, damit du schon vorher weißt, was besonders schwierig für dich sein wird, welche Art von Fragen und Argumenten wahrscheinlich zur Sprache kommen und wo der Quälgeist versuchen wird einzugreifen. Es hilft oft, wenn du eine solche Situation schon einmal mit einer Freundin üben kannst, die dann die Rolle deiner Tochter übernimmt.

Wenn der Quälgeist dir auf irgendeine Weise etwas Schönes verderben kann, dann denke daran, daß und auf welche Weise er es wahrscheinlich tun wird. Überlege, was du denn nun in diesem besonderen Fall tun kannst, damit das nicht passiert.

Sei auf das Angstgefühl vorbereitet, daß sich einstellen kann, wenn du dich zum Schreiben oder Malen hinsetzt oder um ein neues Projekt zu planen. Das ist besser, als immer wieder unvorbereitet überrascht zu sein und dadurch so nervös zu werden, daß man überhaupt nicht mehr arbeiten kann.

Strafe und Belohnung

Man kann auf eine wirksame Weise die Macht des bösen Ichs schwächen, wenn man ihm nämlich die Strafgewalt entzieht. Die Strafen des Quälgeistes nehmen bei jeder Person besondere Formen an. Einer wird deprimiert und nervös, ein anderer trinkt zuviel oder nimmt Drogen, ein Dritter macht sich auf unproduktive Weise zuviel Gedanken, noch ein anderer gibt das auf, was er wirklich möchte, um dafür Ruhe und Sicherheit einzutauschen, oder er zweifelt dauernd an der Zuneigung einer anderen Person und untergräbt so dieses Gefühl.

Wenn wir selber die Strafen dafür festlegen, daß wir etwas verkehrt gemacht haben, dann entreißen wir dem bösen Ich die Macht. Wir schränken seinen Einfluß ein und leiden weniger unter der Unberechenbarkeit seiner Strafmaßnahmen. Seine Strafe ist wahrscheinlich außerdem weitaus zu streng und steht in keinem Verhältnis zu dem eigentlichen «Vergehen».

Es ist nicht besonders wichtig, wie die Bestrafung aussieht. Es sollte etwas Unangenehmes oder Mühevolles sein, aber nicht entwürdigend. Die Strafe sollte außerdem eine zeitliche Begrenzung haben. Schreib all die Dinge auf, die du ausgesprochen ungern tust, vielleicht gibt es da etwas ganz Bestimmtes, und jedesmal, wenn du meinst, daß du eine Strafe verdienst, weißt du sofort, welche Strafe du wählen kannst und kommst damit deinem Quälgeist zuvor.

Hier sind ein paar Beispiele:
- o Wische die Fußböden.
- o Räume die Schränke auf.
- o Schreibe fünf Briefe, die längst fällig sind.
- o Komme eine Woche ohne Taxi aus.
- o Versage dir den Kinobesuch in dieser Woche und mache die Wäsche.
- o Mache deinen Flickkorb leer.
- o Bring die Steuererklärung auf den neuesten Stand oder bezahle Rechnungen.
- o Gehe diese Woche nicht zum Skat- oder Fußballspielen.

Es ist ebenso sinnvoll, sich Belohnungen auszudenken. Der Quälgeist ist ja häufig nur deshalb besonders mächtig, weil die meisten Menschen das Gute, das sie tun, eher übersehen, das Schlechte dagegen zu wichtig nehmen. Leistungen oder gute Taten werden im allgemeinen zu selten betont und zählen deshalb weniger, wenn abgerechnet wird. Wenn wir uns mit den positiven Kräften in uns verbünden wollen, dann müssen wir ihnen den Rücken stärken und ihnen besondere Beachtung schenken. Wir sollten uns besonders dann belohnen, wenn wir uns gegen den Quälgeist behauptet haben, egal, wie klein der Sieg war.

Beispiele für Belohnungen:
- o Kino- oder Theaterbesuch (am besten solltest du dir immer notieren, was gerade läuft, damit du dich ohne Verzögerung belohnen kannst)
- o ein ausführliches Bad
- o ein Essen in deinem Lieblingsrestaurant
- o ein Abend ganz für dich, zum Lesen und Entspannen
- o ein besonderer Kauf (du solltest dir gelegentlich aufschreiben, was du gerne hättest)
- o ein halbstündiger Spaziergang
- o ein Ferngespräch mit einem Freund.

Schlagfertigkeit

Der Quälgeist steckt voller Tricks, Kniffe, Überraschungen und Streiche. Wir können uns bestimmt einiges von ihm abgucken und unsere eigenen Überraschungen vorbereiten, um ihn zu beschwichtigen oder ihm Widerstand zu leisten.

Eine besonders beliebte Taktik des Quälgeistes ist es, immer wieder auf etwas herumzuhacken, wo du besonders empfindlich bist. Damit lenkt er dich ab, daß du den großen Zusammenhang der Dinge nicht mehr sehen kannst. Dein Aussehen, deine beruflichen Leistungen, deine Gesundheit oder deine Beliebtheit, auf jedem dieser Gebiete wird sich der Quälgeist auf einen Makel konzentrieren, bis der alles andere zu überdecken scheint. Einfach aber wirkungsvoll. Der beste Gegenangriff besteht darin, sich ein besonders positives Merkmal für jeden dieser Bereiche auszusuchen, etwas, das das Gute betont, auf das du dich konzentrieren kannst und auf das du in derselben langweiligen Weise immer wieder zeigen kannst.

Für jeden Bereich, in dem das böse Ich dich immer wieder mit einer einzigen demprimierenden Einzelheit fertigmachen will, wähle ein sehr positives, handfestes, unzerstörbares Gegenargument und halte es ihm entgegen. Wenn der Quälgeist dich wegen deines langweiligen Haares verunsichert, dann erinnere ihn jedesmal daran, daß du interessante hochstehende Wangenknochen oder weit auseinanderliegende grüne Augen hast, elegante Hände oder sonst etwas. Wenn der Quälgeist deine dauernden Erkältungen zur Sprache bringt, dann erinnere ihn jedesmal daran, daß du seit der fünften Klasse noch keinen Tag krank im Bett warst. Wenn er dich ausschimpft, weil du erst so spät mit deiner Arbeit fertig bist, dann antworte ihm, daß du ja auch noch ziemlich neu in der Firma bist oder daß schon vier Artikel von dir veröffentlicht sind oder was dir sonst einfällt.

Sei in deinen Entgegnungen sehr präzise. Überlege dir genau, welche Worte du benutzen willst, und weiche dann nie von dieser Formulierung ab. Der Quälgeist ist ein Faschist. Er weiß, wie wichtig der Slogan bei der Werbung ist, kennt die hypnotische Wirkung eines wiederholten Singsangs. Deine Antworten darauf sollten genauso eingängig sein und dir schon auf der Zunge liegen, so daß du dem Quälgeist sofort etwas entgegenschleudern kannst.

Außerdem hilft es, wenn man immer ein paar allgemeine Schlagworte zur Hand hat, mit denen man die Tiraden des bösen Ichs anhalten kann:

Jeder kommt einmal dran.

Ich rede mit dir, wenn es mir paßt.

Du bist wirklich niedlich, wenn du dich so aufregst.

Für welchen Slogan du dich auch entscheidest, benutze ihn so oft wie möglich, und zwar auf die gleiche, enervierende Holzhammermethode, die der Quälgeist so meisterhaft anwendet.

Anlässe zur Freude

Der innere Dialog vieler Menschen, aber auch ihre Träume, Erinnerungen und Tagträume, besteht im wesentlichen aus negativen Aussagen. Da wird über Unglück gebrütet, in Elend geschwelgt; Erinnerungen an Dinge, die verkehrt gelaufen sind, quälen sie, versäumte Gelegenheiten und katastrophale Fehler werden immer wieder vorgebracht. Gut und schlecht, positiv und negativ halten sich ganz und gar nicht die Waage. Die hervorstechenden Erinnerungen, das, was sich immer wieder in unserem Kopf abspult, worum unsere Gedanken immer wieder kreisen, spricht wahrscheinlich eher von Elend als von Freude. Angenehme Erinnerungen prägen sich anscheinend nicht so gut ein wie unangenehme.

Das ist nur wieder eine andere Art und Weise, wie das böse Ich dich bei der Stange hält. Solange du dich auf das Negative konzentrierst, solange bist du auch zu ängstlich, hast zu wenig Selbstbewußtsein, verschließt dich den Erlebnissen, die du vielleicht suchst, um etwas an deinem Leben zu verändern. Du trittst auf der Stelle.

Das Gegenmittel für die Freudlosigkeit des Quälgeistes ist ein bewußtes Suchen nach den Dingen, die für uns angenehm sind, ein Hervorholen der Erinnerungen, die uns zum Lächeln bringen. Wenn wir erst einmal erinnern oder entdecken, was uns Freude macht, dann können wir das auf dieselbe ewig wiederholte Weise verwenden, mit der der Quälgeist uns an Schlechtes erinnert. Wir können diese Freude-Auslöser dann hervorholen, wenn wir sie brauchen und mit ihnen unser gutes Gefühl von uns selbst und unserem Leben verstärken.

Ein Freude-Auslöser kann viele verschiedene Formen annehmen. Es kann eine Erinnerung sein, vielleicht an ein Familientreffen, an deinen ersten Kuß, an den Tag, an dem du eine besonders gute Nachricht erhieltest oder einen Preis gewannst. Es kann ein Geruch sein, der Duft von frisch gebackenem Brot, der Geruch von Farbe oder Leder, von Flieder, der im Garten blühte. Oder es kann ein Musikstück sein, ein Gemälde, ein Geschenk von einem Freund, eine Muschel, ein Schmuckstück oder die Aussicht aus deinem Fenster.

Was dir auch Freude macht, wodurch du dich auch immer gut fühlst, verwende es und mache es zur Waffe gegen deinen Quälgeist. Schreibe all das auf, was dir in dem Zusammenhang einfällt, selbst wenn es noch so unbedeutend scheint. Suche dir dann das aus, was am meisten Bedeutung für dich hat und baue es in dein Leben ein. Stelle dir das nostalgische Bild auf den Schreibtisch, statt es im Schrank zu vergraben. Schaue es dir jeden Tag ein paarmal an, besonders, wenn du nicht weiterkommst. Rufe dir die erste Verabredung mit deinem Ehepartner oder Geliebten deutlich ins Gedächtnis und denke wieder und wieder daran, besonders dann, wenn dich dein Quälgeist foltern will. Zapfe diese Freudequellen im Unterbewußtsein ganz bewußt an:

- Ich habe immer mein Lieblingsbild meiner Freundin auf dem Schreibtisch stehen. Wenn es hektisch wird, wenn das Telefon dauernd klingelt oder wenn ich mit einem Problem festsitze, dann schaue ich das Bild an, und es ist so, als ob sich eine Oase vor mir auftut.
- Jeden Tag denke ich an die Überraschungsparty, die meine Freunde mir voriges Jahr zu meinem Geburtstag ausrichteten, gerade als ich mich ganz einsam fühlte.
- Ich benutze einen Seifenbehälter als Aschenbecher, den mir mein Sohn aus Ton gemacht hat, als er sechs war. Ich freue mich jedesmal daran.
- Wenn ich das Gefühl habe, daß man mich nicht schätzt, wenn ich deprimiert oder einfach ideenlos bin, dann denke ich immer an den Tag, als ich erfuhr, daß ich einen Rechtsstreit gewonnen hatte, an dem ich fünf Jahre gearbeitet hatte und was für ein tolles Gefühl das war.
- Ich liebe den Duft von Mandarinen. Ich kaufe Mandarinenöl in kleinen Fläschchen im Reformhaus und benutze es als Parfum. So habe ich den Duft immer bei mir.

- Immer, wenn ich mir unser Fotoalbum ansehe, werden viele gute Erinnerungen wach. Da lohnt es sich schon, die Bilder immer gleich einzukleben.
- Ich freue mich morgens immer an meiner Teetasse. Sie ist hübsch, zart und farbenfroh, so angenehm anzufassen und zu halten.

Resümee ziehen

Es hilft, wenn man sich am Ende des Tages ein paar Minuten Zeit nimmt und überlegt, wie es dir heute mit den Feinden und den Verbündeten in deinem Inneren erging. Sind Dinge im Gleichgewicht, oder ist das böse Ich wieder zu lautstark? In dieser Zeit solltest du dir im einzelnen deutlich machen, welche Fortschritte die freundlichen Stimmen gemacht haben. Zähle deine Leistungen, glückliche oder hilfreiche Träume oder Tagträume auf. Beglückwünsche dich selbst. Stärke die positiven Stimmen. Wenn sich der Quälgeist unmöglich benommen hat, dann bringe ihn zum Schweigen mit «Halt!» oder «Schluß jetzt!». Das ist besonders wichtig, wenn du noch etwas Schönes am Abend vorhast, oder wenn du dich auf irgend etwas ganz besonders freust, was dir der Quälgeist nur zu gern verderben würde.

Unterstützung durch die inneren Verbündeten

Die beste Versicherung gegen das zügellose Zerstören, das Amoklaufen des Quälgeistes in unserem Leben ist eine Stärkung der Verbündeten in uns. Uns gut gesinnte und interessante innere Freunde können unser Leben bereichern und uns mehr in Harmonie mit der eigenen Person leben lassen. Es ist unvermeidlich, daß jeder manchmal allein ist. Ein Mensch mit starken inneren Verbündeten akzeptiert das und kann diese Zeiten aus eigener Kraft ohne große Schwierigkeiten überstehen. Ein Mensch mit einem ausgeprägten bösen Ich sieht diese Einsamkeit als persönliches Versagen an. Gründe für diese Einsamkeitsgefühle sind unter anderem, daß wir uns mit uns selbst nicht wohl fühlen, wir kommen uns merkwürdig vor und liegen mit der eigenen Person im Krieg; wir können uns einfach nicht mit uns selbst beschäftigen. Wenn die innere Diskussion gegen uns läuft, dann gibt es mehr Vorwürfe als Lob, mehr Stillstand als Wachstum, und wir haben nichts und niemanden, an den wir uns wenden können, wenn etwas in der Welt draußen schiefläuft.

Das böse Ich bekommt viel Aufmerksamkeit von uns; es beklagt sich dauernd über etwas, stellt sich uns ständig in den Weg. Unsere Verbündeten dagegen werden zu oft als selbstverständlich hingenommen und können deshalb vom Quälgeist zurückgedrängt und niedergeschrien werden. Wenn alles gutgeht, machen wir uns weiter keine Gedanken, aber wenn etwas schiefgeht, dann werden wir plötzlich aufmerksam. Schlechte Nachrichten sind stärker als gute Nachrichten.

Aus diesem Grund kennen wir unsere inneren Verbündeten weniger gut, wir haben uns einfach weniger mit ihnen beschäftigt. Kein Wunder also, daß die Freunde in der inneren Diskussion häufig überstimmt werden. Ihre Stimmen sind schwächer, und unsere Ohren sind weniger gut auf sie eingestellt.

Unsere freundlichen Stimmen müssen gepflegt und unterstützt werden. Wir können das so machen, daß wir bewußt auf sie achten, wenn wir dem inneren Dialog zuhören. Mit etwas Übung können wir das Gerede des Quälgeistes überhören und die Lautstärke der Stimmen unserer Verbündeten etwas aufdrehen. Sie haben uns genausoviel zu sagen wie das böse Ich, aber sie sind bisher vernachlässigt worden. Mit der Zeit lernen wir diese Stimmen kennen, erfahren, wie sie uns ermutigen und unterstützen und in welchen Situationen sie sich zeigen. Und selbst wenn wir dazu neigen, ihren Lobpreisungen nicht ganz zu glauben, so müssen wir ihnen doch Zugeständnisse machen und ihre Ratschläge annehmen, selbst wenn sie das Gegenteil sagen wie der Quälgeist. Wenn es uns zu Anfang vielleicht auch albern vorkommt, so sollten wir sie loben, ihnen Komplimente machen und ihnen ausführlich danken, wenn sie uns zur Hilfe kommen.

Wichtig ist, die Bereiche in unserem Leben, in denen der Quälgeist nichts zu sagen hat, auszudehnen und sein Territorium einzuschränken. Wenn wir wissen, wer unsere Freunde sind und daß wir uns auf sie verlassen können, dann können sie gegen das böse Ich zur Hilfe gerufen werden.

Andere teilnehmen lassen am inneren Dialog

Es passiert nur zu leicht, daß wir so in das, was da in unseren Köpfen abläuft, verstrickt sind, daß wir unsere Sorgen und Gedanken niemals anderen mitteilen. Häufig kommt einem das Geschwätz, was da in einem stattfindet, so seltsam, chaotisch, ja sogar furchterregend vor, daß man höchst ungern jemandem davon erzählen möchte. Er könnte uns ja für merkwürdig oder etwas verwirrt halten. Vielleicht haben wir Angst, daß man uns ausnutzen könnte, wenn man erst unsere Fehler kennt, oder daß man unsere Schwächen zu streng verurteilt. Aber wenn wir in einem solchen Fall alles mit uns selbst abmachen wollen, keine andere Ansicht hören und uns auch nichts von unserer Last abnehmen lassen wollen, dann kann der Quälgeist verrückt spielen, denn er weiß ja, daß wir uns für die einzigen Menschen auf der ganzen Welt halten, die unter diesen Merkwürdigkeiten leiden.

Gute Freunde sind eine mächtige Waffe gegen das böse Ich. Wenn wir sie wissen lassen, was da in uns vorgeht, dann stellen wir schnell fest, daß wir damit nicht allein dastehen. Jeder muß mit dem gleichen verwirrenden Gerede der inneren Stimmen leben, wenn sie auch bei jedem etwas anders klingen und wirken können. Es ist ein befreiendes Gefühl, wenn man mit einem guten Freund Geschichten über den Quälgeist austauschen kann, wenn man seinen mit dem des Freundes vergleicht, wenn man von Seltsamem erzählen kann, ohne daß man sich schämen oder es einem peinlich sein muß. Wenn wir mit anderen zusammen über die Intrigen des Quälgeistes lachen können, dann wirkt er weniger einschüchternd und sogar lächerlich.

Angenehm ist außerdem, daß wir uns den anderen näher fühlen, wenn wir mit ihnen über unsere inneren Gespräche sprechen können. Sie kommen uns wirklicher vor und wir ihnen auch. Es tut unserem Selbstbewußtsein gut, wenn wir sehen, daß sie uns trotz unserer Schönheitsfehler mögen, vielleicht mögen sie uns sogar lieber, oder sie schätzen unser wahres Ich mehr. Für unsere Freunde und auch für uns selbst bedeutet es eine große Erleichterung, wenn man nicht immer den Zuversichtlichen und Tüchtigen spielen muß. Und wenn wir erst einmal diesen Druck losgeworden sind, den unrealistische Erwartungen uns auferlegt haben, dann leisten wir wahrscheinlich auch Besseres und sind dem bösen Ich weniger ausgeliefert.

Wir sollten jedoch denjenigen sehr vorsichtig auswählen, mit dem wir über unsere inneren Stimmen, über unsere Träume, unsere Fehler, die Miesmacher in uns und über unsere Hoffnungen sprechen. Es sollten Menschen sein, die uns unterstützen, viel von uns halten und uns dazu ermutigen, unser Ziel zu verfolgen. Wer braucht «Freunde», die wie das böse Ich schädlich und verräterisch sind? Sie waren ja ursprünglich für das böse Ich mitverantwortlich. Und doch haben viele Menschen Freunde und Verwandte, die sich über sie lustig machen, die ihre Träume zerstören und das, was sie sagen, gegen sie verwenden. So hört man den Quälgeist von innen und von außen. Kein Wunder, daß man lieber alles für sich behält. Manche Menschen haben sich so an negative Kritik gewöhnt, daß sie dazu neigen, die positiven Meinungen ihrer echten Freunde zu unterschätzen oder für unwahr zu halten. Sie hören eher dem «Freund» zu, der an ihnen herumkritisiert als dem, der sie lobt. Um das böse Ich zu bezwingen, ist es wichtig zu lernen, wie man denjenigen zuhört und vertraut, die sich auf die Seite der inneren Verbündeten stellen. Es ist wirklich eine gute Idee, sich einmal Freunde und Familie daraufhin genau anzusehen, ob sie einige der ermutigenden, hilfreichen und wohlwollenden Eigenschaften unserer inneren Verbündeten besitzen, oder ob sie sich eher wie der Quälgeist anhören.

«Meine Frau weiß immer etwas Gutes über mich zu sagen, beglückwünscht und lobt mich für alles, was ich tue. Und doch unterschätze ich das meistens, finde, daß es nicht viel bedeutet, daß es eben so ihre Art ist.

Mein Freund Cal dagegen hat immer etwas auszusetzen, pflückt jeden meiner Sätze auseinander und äußert sich abwertend über meine Leistungen. Aber auf ihn höre ich. Ich glaubte schließlich, daß seine Meinungen wichtig und richtig sind. Erst nach einer langen Zeit stellte ich fest, daß Cal neidisch ist und sich deshalb rächen will. Es stimmt, daß er sich genau wie eine meiner inneren Stimmen anhört, die mich immer beleidigt; er sagt genau dasselbe. Was soll mir das helfen? Ich habe gelernt, Cals Bemerkungen abzuschütteln, ich treffe ihn jetzt auch seltener. Und natürlich habe ich auch gemerkt, daß die unterstützenden Worte meiner Frau nicht nur auf Informationen beruhen und genau die Sache selbst betreffen, sondern auch noch gut für mich sind.»

Wenn man sich daran gewöhnt hat, immer nur alles in seinem Inneren zu verstecken, dann ist es schwer, diese Mauern zu durchbrechen und Gedanken und Sorgen mit einem anderen Menschen zu teilen. Aber mit einer vertrauenswürdigen Person kann man das langsam und schrittweise lernen. Es ist nicht so, als ob wir alles erzählen müssen, es gibt viele Dinge, die wir lieber für uns behalten. Außerdem kann man mit verschiedenen Freunden über verschiedene Dinge sprechen.

Die Gespräche beim Gehen, über die wir in Kapitel 10 gesprochen haben, sind eine gute Methode, um die Hemmungen abzulegen, die wir bei einem persönlichen Gespräch mit einer anderen Person haben können. Es ist angenehm mit einem Freund spazierenzugehen; selbst wenn nicht gesprochen wird, fühlt man sich dem anderen näher. Man muß nicht unbedingt irgendein besonderes Problem ansprechen oder etwas sagen, was den Freund selbst betrifft. Man kann sich seine Gedanken mitteilen, kann sich etwas von der Seele reden oder eine neue Idee diskutieren.

«Ich habe heute überhaupt nichts geschafft, es war frustrierend. Das Telefon klingelte in einer Tour, und ich stolperte über meine eigenen Füße. Dann vergaß ich Dinge, konnte nichts finden. Dann war mir die Kehle wie zugeschnürt, als ich mit Johanna sprechen wollte. Schließlich wurde es so schlimm, daß ich einen Waffenstillstand erklärte und diesen Tag als verloren aufgab. Es war offensichtlich, daß ich sowieso nichts leisten würde. Ich mußte direkt über mich selbst lachen. Hatte keine Ahnung, warum es so war. Vielleicht habe ich doch mehr Angst als ich dachte vor dem Zahnarzt, der mir morgen einen Zahn ziehen muß. Oder vielleicht ist mir unbehaglich bei dem Gedanken, daß Sally in einer anderen Stadt studieren wird. Wie dem auch sei, statt darüber zu brüten, hätte ich lieber Tennisspielen gehen sollen. So habe ich den ganzen Tag verloren.»

Vielleicht kann dir dein Freund nicht viel raten, aber darauf kommt es auch nicht an. Schon ein mitfühlender Zuhörer hat großen therapeutischen Wert. Das Gespräch beim Gehen erleichtert den Anfang des sich Mitteilens. Allmählich wirst du dich daran gewöhnen und kannst dann häufiger und spontaner einem dir Nahestehenden mitteilen, was bei deinem inneren Dialog verhandelt wird.

Mach dir einen Plan

Handeln ist der Schlüssel zur Quälgeist-Kontrolle. Es genügt nicht, nur etwas über seine Eigenschaften und Methoden zu lernen. Entscheidend ist, auch zu handeln. Der Plan soll deutlich aussagen, was du gegen den Quälgeist unternehmen wirst. Dein Plan sollte darauf aufbauen, was du bisher über deinen eigenen Quälgeist gelernt hast, in welchen Bereichen deines täglichen Lebens er dir besonders bedrohlich vorkommt oder wo er für eine Veränderung besonders zugänglich erscheint. Außerdem soll der Plan festschreiben, wieviel Zeit und Mühe du für die Auseinandersetzung mit dem Quälgeist aufwenden willst und welche Art von Handeln dir am besten paßt.

Der Plan soll auf dich zugeschnitten sein, deine Bedürfnisse und dein Naturell widerspiegeln und sollte realistisch sein. Nimm dir nicht mehr vor, als du schaffen kannst, damit du kein Versagen riskierst. Der Plan kann eine Kombination sein, vielleicht verwendest du ein oder zwei Übungen, die dir sinnvoll vorkommen, dazu kommt der Beschluß, sich jeden Tag ein paar Minuten zum Tagträumen freizuhalten und dann vielleicht noch ein Schlagwort, was du jeden Tag ein paarmal anwenden willst. Schau dir noch einmal die Fragen in Kapitel 7 bis 9 an und die Informationen, die dort enthalten sind, damit du den für dich richtigen und wirkungsvollen Plan aufstellen kannst. Und dann trage dein Vorhaben in das Formular am Ende dieses Kapitels ein.

Der Plan sollte ausführlich und genau sein. Um deine Ziele fest im Gedächtnis zu behalten, solltest du ihn mindestens einmal am Tag ansehen. Hin und wieder solltest du ihn überprüfen, um ihn auf den laufenden Stand zu bringen, denn dein Quälgeist, deine Verbündeten und deine momentanen Bedürfnisse können sich verändern.

Beispiel für einen Plan zur Quälgeist-Kontrolle:

1. Dreimal die Woche werde ich ein Gespräch im Gehen machen, werde vom Büro aus zwanzig Minuten durch den Park zur Bushaltestelle laufen. Wenn ich mich daran gewöhnt habe, werde ich ihn fragen, ob er mich begleiten will, und sehen, ob ich mit ihm über das böse Ich sprechen kann.

2. Ich werde mir jeden Tag fünf Minuten Zeit zum Tagträumen nehmen. Wenn mir gerade etwas durch den Kopf geht, dann mache ich das zum Thema meiner Tagträumerei.

3. Jeden Tag habe ich fünf Minuten Zeit, in einem Heft aufzuschreiben, an was mich von den inneren Gesprächen erinnere. Das Heft trage ich immer bei mir.

4. Der größte Fehler, den ich zur Zeit mache, ist das Festhalten an meinem alten Job. Ich tue nichts, um meine alten Wunschträume zu verwirklichen; wollte immer ein Ferienlager für Angler aufmachen oder einen Laden für Angler oder Sportler oder etwas Ähnliches. Ich muß erst besser herausfinden, was die inneren Stimmen sagen, weshalb ich Angst habe. Ich sollte positive Pläne schmieden, sollte mir aufschreiben, was für Gründe und Möglichkeiten ich habe ein neues Geschäft anzufangen, wer von meinen Freunden mich dabei unterstützen würde. Ich muß mich auf diesem Gebiet mehr durchsetzen.

5. Jedesmal, wenn ich mich wegen meiner jetzigen Stellung beschimpfe, werde ich jetzt sagen: Eines Tages werde ich meinen Traum wahrmachen.

13. Aggression als Selbsthilfe

Wenn wir lernen, mit dem bösen Ich umzugehen, dann ist das Ergebnis nicht, wie vielleicht erhofft, ein Innenleben, wo es den Quälgeist überhaupt nicht mehr gibt. Statt dessen führen wir mit uns aktive und vernünftige Dialoge, wo weniger verborgen ist, wo es weniger Geheimnisse gibt, wo sich positive und negative Stimmen die Waage halten und wo die Macht des bösen Ichs stark eingeschränkt ist.

Der innere Dialog ist die Arena, in der unsere Gedanken, Ideen, unsere Sorgen und Gefühle ausgesprochen und gesichtet werden. Der Lohn dafür, daß wir lernen, wie wir all das gerecht und auf eine wirkungsvolle Weise verarbeiten, ist enorm:

1. *Wir fühlen uns mit der eigenen Person wohl.* Wir akzeptieren die Vielfältigkeit, die Widersprüchlichkeit und die Paradoxa unserer eigenen Gedankenwelt. Unklare Bedeutungen und mehrdeutige Mitteilungen faszinieren uns, statt daß sie uns verwirren. Wir interessieren uns für die eigene Person auf eine wohlwollende, freundliche und tolerantere Weise und werden deshalb auch für andere zugänglicher; wir verteidigen uns nicht mehr mit Gewalt, sondern mit Zuneigung. Wir sind uns selbst genug und können uns beschäftigen: Wir sind gerne einmal allein und können uns selbst, wenn nötig, trösten.

2. *Wir lernen uns selbst kennen.* Die inneren Gespräche können uns sehr viel lehren. Durch die Fähigkeit, besser und besser zu sehen, wie unser Innenleben funktioniert, können wir uns selbst beobachten und herausfinden, wer wir wirklich sind, wie wir uns von anderen unterscheiden, und wir lernen, bestimmte Bilder und Erwartungshaltungen von Realität und eigenem Wunsch zu unterscheiden. Wir finden die Wahrheit über uns heraus, lernen unseren Sinnen vertrauen und sind nicht mehr in die Irre geleitet und verwirrt, wenn das böse Ich versucht, die Wirklichkeit zu verzerren und die Wahrheit unserer eigenen Erfahrungen abzustreiten. Wir sind froh, wenn wir mehr über uns erfahren. Wenn wir verstehen, wer wir sind, lernen wir unseren Zorn akzeptieren, den Grund dafür verstehen und können die Schuldgefühle ablegen, die wir empfinden, eben weil es diesen Zorn gibt. Zugang zu dem inneren Dialog macht uns jene psychologischen Erklärungen verständlicher, die uns zu fern und unpersönlich schienen. Zugang zu dem inneren Dialog vermindert die Wut, die wir gegen uns selbst richten und vergrößert unsere Selbstachtung.

3. *Wir gebrauchen den inneren Dialog auf eine konstruktive Weise.* Wenn wir gelernt haben, wie wir dem inneren Dialog zuhören können, wie wir ihn beeinflussen können und daß wir keine Angst mehr vor ihm haben müssen, dann können wir ihn uns bewußt zu Hilfe rufen. Der Dialog hilft uns, wenn wir mit uns selbst zu Rate gehen wollen. Wir können sein Für und Wider konsultieren, wenn wir eine bestimmte Situation durchdenken, wenn wir etwas planen, sei es nur eine Mahlzeit oder unser Leben in den nächsten zehn Jahren. Wir können ihn rufen, wenn wir uns Gedanken oder Handlungen deutlich machen wollen, er kann unsere Kreativität anregen, uns helfen, Entscheidungen zu fällen. Aktive innere Gespräche stecken voller Ideen, Meinungen, Träume und Theorien, die wir uns alle nutzbar machen können.

4. *Wir können unsere Träume verwirklichen.* Ein aktiver innerer Dialog kann Barrieren aus dem Weg räumen, die uns in unserer Entwicklung aufhalten wollen; wir treffen weniger häufig auf unerwartete Hindernisse und Fallgruben. Jetzt, wo wir besser mit unserer Welt

zurechtkommen, wo wir die unproduktive Anspannung verloren haben, sehen wir erst, was für einen enormen Preis wir dafür bezahlten, daß wir konform gingen und nicht wir selbst waren. Wenn wir jetzt unsere eigenen Ziele verfolgen, haben wir keine Schuldgefühle mehr; wir lassen unseren Verstand, unsere Fähigkeiten und unsere Aggressionen für statt gegen uns arbeiten. Wir haben jetzt alle Mittel in der Hand, die uns zu der Person machen können, die wir sein wollen.

Danksagung

Viele Menschen haben auf verschiedene Weisen bei der Herstellung dieses Buches mitgearbeitet und an der psychologischen Forschung teilgenommen, auf der es basiert. Wir möchten erst alle die erwähnen, die zum Bach-Institut in West Hollywood, Kalifornien kamen, dann diejenigen, die die Vorlesungen über «Das böse Ich» hörten und an den Workshops teilnahmen, an der Universität von Kalifornien, am City College in Santa Barbara und an anderen Instituten in Amerika und in Europa. Sie waren bereit, selbst die Methoden, die in diesem Buch beschrieben werden, auszuprobieren, Methoden, die ihnen im Kampf gegen ihr eigenes böses Ich helfen sollten. Diese Bereitschaft führte zu dem Beweis, daß die Methoden wirksam sind und motivierte uns, sie auch der Öffentlichkeit außerhalb der Universitäten vorzustellen.

Wir möchten besonders unseren Familien danken, die uns beim Schreiben dieses Buches mit Verständnis und Fürsorge umgaben. Besonders möchten wir Dr. Roger Bach, George Bachs Sohn, erwähnen, der außerdem Kollege ist und ständiger Berater bei diesem Projekt war, auch George Bachs andere Kinder, Stephanie und Claudia, seine Schwiegertochter Sheila, seinen Schwiegersohn Steve Harrison und seine Frau Peggy-Jane. Jedes Mitglied dieser großen Familie verdient Anerkennung für Ideen und wertvolle Ratschläge.

Von Anfang an stand uns Dr. Herbert Goldberg mit seinen Fähigkeiten als klinischer Psychologe zur Seite, lieferte objektive und konstruktive Kritik und probierte unsere Methoden an seinen eigenen Studenten und Patienten aus, was uns sehr half. Wir verdanken ihm viel. Besonders möchten wir auch Professor Lewis Yablonsky danken, der Dr. Bach an der Universität von Kalifornien in Los Angeles und am Bach-Institut half, indem er spezielle psycho-dramatische Schemata entwickelte, durch die unsere Versuchspersonen erkennen lernten, wie sie ihr böses Ich in ihrer Suche nach Selbstverwirklichung behinderte.

Andere Kollegen und Freude, die wertvolle Beiträge leisteten sind unter anderen Dr. Seymore Fessbach, Dr. Zev Wanderer, Dr. Vance Kondon, Michelle Claire, Dr. Cedric Emery, Barbara Branstetter, Dr. Hartmuth Scharfe, Dr. Robert Aikman, Dr. Susan Campwell, Lynn Chiles, Dr. Simaon Beaudet, Dr. Bruce Parsons, Dr. Eric Field, Dr. Robert Benedetti und Sascha Schneider.

Luree Nicholson, seit vielen Jahren Dr. Bachs Assistentin, glaubte hartnäckig daran, daß Theorie und Methoden der «kreativen Aggression» nicht nur bei zwischenmenschlichen Handlungen Gültigkeit haben können und sollen, sondern auch auf die innere Sphäre des einzelnen Menschen zu übertragen sind. Lurees unerschütterliche Ermutigung in diese Richtung zu gehen, half dabei, daß dieses Buchprojekt überhaupt vor Jahren begonnen wurde. Becky McMurry fand einige Versuchspersonen für uns, Julie Reed schlug Veränderungen in den Körper-Image-Übungen vor und Ron Deutsch half bei der Entwicklung von Methoden, «sich selbst verrückt zu machen». Dr. Harold Greenwald, Leiter des Instituts für humanistische Studien in San Diego, Kalifornien, stellte ein Lehrlabor zur Verfügung, wo die theoretischen Prinzipien, die in diesem Buch beschrieben sind, ausprobiert und auf ihre Gültigkeit hin geprüft werden konnten.

Zum Schluß noch besonderen Dank an Hap Hatton und Peter Morrison.

Lernprogramme

Eine
Auswahl

Georg R. Bach/Laura Torbet
Ich liebe mich – ich hasse mich
Fairness und Offenheit im Umgang mit sich selbst (7891)

Maren Engelbrecht-Greve/Dietmar Juli
Streßverhalten ändern lernen
Programm zum Abbau psychosomatischer Krankheitsrisiken (7193)

Wayne W. Dyer
Der wunde Punkt
Die Kunst, nicht unglücklich zu sein. Zwölf Schritte zur Überwindung der seelischen Problemzonen (7384)

G. Hennenhofer/K. D. Heil
Angst überwinden
Selbstbefreiung durch Verhaltenstraining (6939)

Rainer E. Kirsten/Joachim Müller-Schwarz
Gruppentraining
Ein Übungsbuch mit 59 Psycho-Spielen, Trainingsaufgaben und Tests (6943)

Gerhard Krause
Positives Denken – der Weg zum Erfolg
13 Bausteine für ein erfülltes Leben (7952)

Walter F. Kugemann
Lerntechniken für Erwachsene
(7123)

Michael P. Nichols
40 werden
Die zweite Lebenshälfte als Chance zur Veränderung (8425)

sachbuch rororo

C 2177/2

Lernprogramme

Eine Auswahl

Kurt Werner Peukert
Sprachspiele für Kinder
Programm für Sprachförderung in Vorschule, Kindergarten, Grundschule und Elternhaus (6919)

Friedemann Schulz v. Thun
Miteinander reden
Störungen und Klärungen. Psychologie der zwischenmenschlichen Kommunikation (7489)

L. Schwäbisch/M. Siems
Anleitung zum sozialen Lernen für Paare, Gruppen und Erzieher
Kommunikations- und Verhaltenstraining (6846)

Martin Siems
Dein Körper weiß die Antwort
Focusing als Methode der Selbsterfahrung. Eine praktische Anleitung (7968)

F. Teegen/A. Grundmann/A. Röhrs
Sich ändern lernen
Anleitung zu Selbsterfahrung und Verhaltensmodifikation (6931)

Allan Watts
OM
Kreative Meditation
(7882)

Brigitta Wistrand
Dies ist mein Leben
Persönliche Selbstentfaltung und beruflicher Erfolg (8337)

Gesundheit!

Eine Auswahl

Paavo Aizola
Natürlich gesund
Ein praktisches Handbuch biologischer Heilmethoden (8314)

John Guillebaud
Die Pille
Empfohlen von PRO FAMILIA (7657)

Allan Knight
Asthma und Heuschnupfen
Erkennen – lindern – heilen (8412)

Marilyn Lawrence
«Ich stimme nicht»
Identitätskrise und Magersucht (7965)

Ernst Meyer-Camberg
Das praktische Lexikon der Naturheilkunde
(6291)

Gisela und Andreas Mihailescu
Gegen jede Krankheit ist ein Kraut gewachsen
(7819)

Raymond A. Moody
Lachen!
Über die heilende Kraft des Humors
(7868)

Dr. Vicky Rippere
Allergien
Ursachen – Testmetoden – Heilerfolge
(7937)

Hanna Fresenius
Sauna
Der ärztliche Führer zu Entspannung und Gesundheit durch richtiges Saunabaden
(6999)